MAX-BUCHON.

NOELS

ET

CHANTS POPULAIRES

DE

LA FRANCHE-COMTÉ.

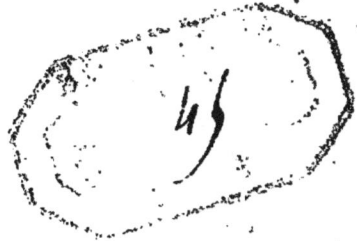

SALINS,

Librairies BILLET et DUVERNOIS;

DÉPÔT CHEZ TOUS LES LIBRAIRES DE LA PROVINCE.

1863

NOELS ET CHANTS POPULAIRES.

I. L'art populaire et le réalisme.

Ce n'est pas sans un réel embarras que j'aborde la réalisation d'un projet, depuis longtemps carressé, d'offrir au public un petit recueil des chants populaires de notre province. L'exécution satisfaisante d'une pareille entreprise demanderait de longues années de recherches, une érudition consommée, des relations nombreuses, l'entassement de matériaux considérables, et toute une bibliothèque spéciale.

Ces conditions préalables de réussite me faisant défaut, il ne me reste à choisir qu'entre une inaction découragée ou un essai au moyen de tâtonnements.

C'est à ce dernier parti que je m'arrête, ne fût-ce que pour me débarrasser des obsessions intimes qui me sollicitent. Sans autre boussole que mon bon vouloir, au milieu des broussailles encore vierges de notre littérature populaire, je pars tout de même à l'aventure, espérant que si je n'arrive pas au but de pied ferme, on me saura peut-être gré d'avoir ouvert quelques tranchées et planté quelques jalons.

A défaut d'autre mérite, j'aurai du moins celui d'indiquer ce qu'il faudrait faire.

L'urgence et la nouveauté d'une pareille entreprise ne lui constitue cependant pas, dans notre pays, une priorité absolue. Bien d'autres avant moi ont fait ce qu'ils ont pu, dans des directions diverses, et mon premier soin sera de rendre hommage à leurs efforts, en en faisant mon profit.

Si j'ai, chez nous même, des devanciers, combien plus multipliés encore sont ceux du dehors ! Quelle est maintenant la province de France qui, de plus ou moins fraîche date, ne possède la collection de ses richesses indigènes ? Ce beau zèle, aussi bien, n'est déjà plus seulement provincial ou national. Tous les peuples européens avaient accompli depuis longtemps leur besogne en ce sens, et presque toujours par l'intervention de leurs plus grands écrivains, quand nous nous sommes enfin avisés, en France, qu'il pouvait bien y avoir quelque chose à faire. Soit dit, au début, à l'encontre des accusations de fantaisisme personnel qui pourraient surgir.

Malgré nos prétentions au titre d'initiateurs de l'humanité, nous avons assez l'usage, en France, d'être en arrière de vingt ou trente ans sur les évolutions intellectuelles des autres peuples. Le romantisme portait déjà barbe grise en Angleterre et en Allemagne, que ses adversaires songeaient encore, chez nous, à lui donner le fouet, comme à un polisson mal appris.

Aujourd'hui, même procédé à l'égard du réalisme. Dire de quelqu'un : c'est un réaliste ! est, dans l'esprit de certaines gens, la plus redoutable injure que l'on puisse adresser à un artiste ou à un écrivain.

Si notre public n'était un des plus illettrés de l'Europe, on nous ferait grâce de pareilles balourdises. Allez donc voir ce qui se passe en Russie, en Angleterre, en Hollande, en Allemagne, partout; et vous comprendrez combien ils ont de glorieux complices au dehors, ceux de nos artistes qui s'appliquent si intrépidement à l'interprétation de la vie moderne.

Je ne défends pas ici des œuvres, mais un principe, lequel, fort de son universalité, a droit à une discussion plus loyale. Voilà plus de cinquante ans que Gœthe a résumé la vraie doctrine moderne en deux vers que je traduis ainsi :

Taillez résolument en pleine vie humaine,
C'est notre vie à tous... et l'on s'en doute à peine.

Même lambinerie à l'égard de la poésie populaire, et l'on devait s'y attendre. Comment pourraient se décider à venir boire humblement à cette fontaine de Jouvence, les professeurs de beau langage, les chevaliers du style, les apôtres patentés du bon goût et autres creuses sonorités ?

Aborder notre littérature populaire, c'est remonter à nos origines authentiques, c'est retrouver le courant de nos affinités naturelles, c'est rentrer en possession de notre liberté et de notre spontanéité, seules génératrices de productions durables.

Les grands écrivains et les grands artistes ne sont-ils pas toujours les corps-francs intellectuels de leur siècle ? Eux exceptés, que reste-t-il ? Des professeurs qui enfantent des professeurs, lesquels ne produisent jamais non plus que des professeurs.

L'art ne s'enseigne pas. N'étant que l'exhibition imagée des sentiments personnels inspirés à un homme par le frottement de la vie qui l'entoure, comment l'art pourrait-il s'enseigner ? *Art* est synonyme de *façon, manière*; manière personnelle et spontanée.

Un enseignement quelconque tournant forcément dans un cercle d'idées aussi rebattu que le sol d'un manége, comment, en art, cela aboutirait-il à autre chose qu'à des pastiches ?

La protestation la plus inexorable contre les professeurs et les pastiches, c'est l'art populaire. Celui-là, du moins, il a pour lui de ne parler que quand il a quelque chose à dire, et de dire carrément ce qu'il pense.

Fatalement, le présent résume toujours le passé et le présuppose. La tradition, quoiqu'on en dise, n'a donc pas d'adeptes plus respectueux et plus logiques que ceux qui, au lieu de la prendre à contrepoil, s'appliquent à l'allonger autant qu'ils peuvent. Singulière prétention que celle qui, au nom du respect que nous devons à nos pères, nous contesterait le droit de faire des enfants.

Supposez au feu toutes les bibliothèques et tous les musées ; supposez même tout leur contenu effacé de la mémoire du genre humain. Vous figurez-vous que, pour autant, l'humanité serait désormais privée d'art et de littérature ? Il n'y a pas de risque ; seulement, les artistes seraient bien obligés alors d'en revenir aux procédés de l'art populaire, c'est-à-dire à l'inspiration primesautière qui fait déjà la grandeur de tous les grands écrivains. Tous les mots, tous les passages, tous les types célèbres de Shakespeare, de Cervantes, de Molière, de Corneille, de La Fontaine, toutes ces brusqueries sublimes qu'on appelle le cri de la bête, c'est-à-dire le cri de la nature humaine saisie à l'improviste, et qui nous font tout-à-coup sourire ou pleurer avec tant de ravissement; où ces grands maîtres les ont-ils trouvées? Est-ce dans la manie de remâcher sans cesse le passé? Non pas; c'est dans l'insubordination de leur génie qui les ramène d'instinct aux façons sans parti pris de l'art populaire.

Dans les arts, on parle beaucoup du beau, de la théorie du beau. Le beau de qui? Le beau de quoi? C'est ce qu'on ne dit pas. Chaque homme, chaque peuple a sa manière propre de comprendre le beau. L'art chinois a aussi bien sa raison d'être que l'art parisien. Question de climat. Une théorie qui n'est pas absolue n'est plus une théorie. Donc la théorie du beau n'est qu'une amusette à l'usage des gens oisifs... comme le bilboquet. Les artistes producteurs ne perdent pas ainsi leur temps. La seule théorie sérieuse, parce qu'elle est absolue, c'est celle de l'école de peloton dans les mains du sergent instructeur.

L'art n'est pas la science. Celle-ci est essentiellement impersonnelle et universelle. L'art, au contraire, est toujours personnel et local.

On ne dit jamais : La géométrie russe ou anglaise : mais on dit fort bien : L'art antique, l'art moderne, l'art italien, l'art français.

Après coup, l'on peut faire sur les œuvres de chaque grand artiste sa poétique personnelle. On obtient ainsi la poétique de Rembrandt, de Beethoven, de Victor Hugo, ce qui peut servir de cicérone, quand on voyage dans leurs œuvres.

Ainsi entendu, l'art est toujours fini et complet; tandis que la science n'a jamais dit son dernier mot.

A chaque instant, l'humanité renouvelle son bagage scientifique et industriel, et on y applaudit. On traiterait de fou celui qui oserait évoquer, contre la locomotive, l'autorité antique et solennelle de la patache. L'inauguration de celle-ci a pu être, néanmoins, dans son temps, une importante révolution. Question de date.

Pour la pratique de l'art, c'est l'inverse qui fait loi, et nous avons des gens dont le métier consiste à faire entrer, bon gré mal gré, dans la caboche de la jeunesse, le fanatisme du passé, avec la contemption du présent, auquel on conteste même le droit de vivre, en sorte que, si vous voulez devenir artiste, le meilleur emploi que vous puissiez faire de pareilles leçons, c'est de les oublier.

Pourquoi l'art ne se renouvellerait-il pas aussi bien que la science ? Ses progrès à lui, il est vrai, ne consistent pas à écrire ou peindre mieux qu'on ne peignait ou écrivait il y a deux siècles, mais à écrire et peindre autre chose, à écrire et peindre les passions de notre temps, de notre pays, de notre propre cœur. Avec le fond, se modifie d'elle-même la forme, n'en déplaise à André Chénier, qui, sur des sujets nouveaux, conseille de faire des vers antiques, sans remarquer qu'il aurait aussi bonne grâce à dire : Habillez vos gamins en arrière grands-pères.

La mission de l'art n'est pas de poursuivre chimériquement le beau, mais de graver sur les pages de l'histoire les mœurs et le tempéramment d'une époque, d'une nation, d'une province même bien déterminées, triple exigence concentrique à laquelle satisfait d'instinct l'artiste de génie, en déposant tout bonnement son empreinte personnelle sur son œuvre.

Eh ! n'ayons donc pas si peur d'être de notre temps, voire même de notre province. Si, comme artiste et comme écrivain, le peintre Courbet et le philosophe Proudhon figurent si haut parmi les illustrations contemporaines, cela ne tient-il pas beaucoup à la puissante carrure franc-comtoise de l'un et de l'autre ?

La légitimité de l'art populaire ainsi établie, quel sera l'emploi de celui-ci dans la pratique ? Est-ce comme modèles à copier que se recommandent ses produits ? Non ; mais comme pierre de touche infaillible, comme point de départ d'une nouvelle campagne littéraire.

Le moyen de se fourvoyer dans les directions

équivoques, tant qu'on gardera mémoire de cette âpre, mais saine origine! Le côté archéologique de la question peut donc être abandonné sans dommage à ceux qui professent un amour platonique pour les antiquailles. Ici, comme partout, c'est le côté vivant des choses qui nous intéresse, et c'est parce que l'art populaire est, à sa manière, tout palpitant de vie, qu'on peut le recommander hardiment à ses amis et à ses ennemis.

II. Le peintre Courbet.

Il est désormais impossible de parler d'art populaire en Franche-Comté, sans faire intervenir notre peintre Courbet. En voilà un qui n'y est pas allé de main morte, dans l'accusation de ses préférences, et dans ses protestations contre les routines consacrées. Ma prétention n'est pas de sortir ici du terrain littéraire ; qu'on me permette cependant de reproduire quelques lignes publiées, il y a deux ans, sur notre peintre, plutôt que sur sa peinture. Ce n'est pas souvent qu'on a à régler compte en public avec un créancier de ce calibre, et je ne saurais où chercher plus explicite la justification vivante des prémisses théoriques que je viens de poser.

L'avantage le plus éminent de Courbet, au milieu du chaos qui l'environne, c'est incontestablement sa riche spontanéité. C'est cette spontanéité si évidente qui lui a donné le droit de dire comme il l'a fait, qu'il n'avait jamais eu d'autre maître que lui-même.

Pour lui, il ne saurait être question non plus ni de *réussite*, ni d'*inspiration*, car tout cela suppose des intermittences qu'il ne connaît pas, et son bras, si vigoureux qu'il soit, faiblit toujours avant son cerveau.

A voir Courbet un instant à l'ouvrage, on dirait qu'il produit ses œuvres, (lesquelles sont en si grand nombre des chefs-d'œuvre), tout aussi simplement qu'un pommier produit ses pommes. Pour mon compte, je n'ai jamais compris qu'il fût possible de déployer plus de puissance et de rapidité dans le travail. Sous ce rapport au moins, Courbet doit être le premier peintre du monde.

A cet effet, la nature l'a favorisé de dons précieux qu'on dirait contradictoires : l'énergie et la grâce, la naïveté et la pénétration ; la bonhomie et la fierté ; le flegme et l'enthousiasme ; le rire impétueux et un chant plein de douceur caressante ; en un mot, une impressionnabilité féminine, servie par la force expansive d'un géant.

Aussi rapidement Courbet travaille, aussi plantureusement il dort. Taillé en force comme il est, mettez-le à table, à cheval, en chasse, à la nage, au canottage, au patinage, au billard, au jeu de mail, ou dans un bon lit, et vous verrez s'il fera magnifiquement honneur à la situation. N'est-ce pas lui qui nuitamment attaqué par un brigand dans les rues de Paris, arrache à ce brigand la barre de fer dont il était armé, le saisit au collet et l'entraîne au pas de course au poste le plus rapproché ?

Courbet qui se sent l'égal des plus grands, et se comporte avec eux en conséquence, n'a besoin non plus d'aucun effort pour être toujours de plein-pied avec les gens les plus simples, dès qu'ils les sent de bonne foi, et doués de quelques bonnes qualités natives. Gare seulement à ceux qui prétendent faire avec lui *les malins*, car, pour peu que la circonstance y prête, on ne tarde pas à reconnaître, à son éloquence, la même énergie qui maniait toute à l'heure l'homme à la barre de fer.

Toujours facile à vivre, et la conscience constamment ouverte à deux battants, Courbet a visité les ports de mer de la Hollande, les brasseries de la Belgique et les grandes chasses de l'Allemagne. Je suis sûr que les gens de là-bas ont gardé, de sa cordialité si communicative, une impression analogue à l'affection que lui portent tous les habitants d'Ornans, sa ville natale, où chacun a l'air de se croire personnellement associé à ses succès.

Simple dans ses goûts et plus préoccupé de son art que de ses finances, Courbet a conquis jusqu'à ce jour moins d'argent que de renommée, ce qui pourrait, à ce qu'il semble, le faire baisser dans l'estime de braves campagnards qui apprécient assez volontiers toutes choses au poids des écus. Il n'en est ce-

pendant rien. Chacun, à Ornans, vous affirmera carrément que Courbet n'aurait qu'à le vouloir, pour
gagner de l'argent gros comme une maison. Ce qui
fait parler ainsi ces gens, c'est la foi absolue qu'ils
ont au peintre, et non l'appréciation raisonnée de sa
peinture. Cette façon d'éloge n'a-t-elle pas aussi son
charme ?

Bon nombre des tableaux de Courbet ont été ac-
cusés de parti pris. On a voulu y voir autant de stra-
tagèmes pour attirer l'attention publique. De pareilles
allégations ne se fussent jamais produites, si leurs
auteurs avaient pu se rendre compte combien les
œuvres de Courbet sont la floraison naturelle de sa
personnalité, au milieu de sa famille, dans cette jolie
vallée d'Ornans. Quel vacarme n'a-t-on pas fait, depuis dix ans, à propos de l'*Enterrement*, et quelle
œuvre cependant a jamais respiré plus de calme ; le
calme de la force et de la santé, ainsi que l'on commence enfin à le comprendre. De même pour la
plupart de ses tableaux de mœurs et portraits aujour-
d'hui célèbres, lesquels, par leur sentiment robuste
et tranquille, sont bien de la même famille que ses
splendides paysages, dont la moitié ou le quart eût
suffi depuis longtemps à faire la réputation de tout
autre.

Pour juger équitablement Courbet, il serait indispensable de lui porter en compte le chiffre de ses
toiles, déjà si multipliées qu'il aurait peut-être peine
à les nombrer, et qui, juxta-posées, présenteraient
une superficie déterminable seulement au moyen de
grandes fractions d'un hectare. Cet aspect de la
question échappe forcément par son ampleur à la
plupart de ses critiques, et offrira même plus d'une
difficulté au catalogue de son biographe, si l'on n'y
avise à temps.

N'est-il pas singulier, du reste, qu'arrivé à la
quarantaine, Courbet ait établi si puissamment sa
réputation, avant d'avoir réussi à bien compléter
son outillage, c'est-à-dire avant d'avoir pu se créer,
à Ornans, un atelier à sa guise.

Il est facile de voir les résultats matériels du travail de Courbet. Peut être l'est-il moins, à qui ne le

connaît pas, de se rendre compte de l'élaboration intellectuelle de sa pensée. J'ai parlé de la spontanéité de Courbet. Parlons maintenant de la sûreté de son coup-d'œil, de la subtilité de son flair moral, de son habileté à suivre, et souvent même à dominer, le mouvement des saines idées ambiantes, à l'aide seulement de son énorme puissance d'intuition.

Comme instrument d'éducation et d'étude, Courbet n'a jamais eu que son magnifique regard et c'était bien assez.

Vivre d'une vie énergique et toujours tendue : *Voir* d'une vue perçante et souveraine, voilà tout le secret de cette belle intelligence au service d'un grand cœur.

Courbet ne connaît trop ni l'histoire ni les sciences ni les livres ; ce qui ne l'empêche pas de connaître à fond la nature et les hommes.

Sous ce rapport seul, Courbet me semblerait déjà un sujet d'étude du plus haut intérêt. Ah bien ! oui. Un de ses critiques trouve plus judicieux de lui reprocher une faute de grammaire surprise dans sa conversation. Il est vrai qu'un critique de même force a reproché au philosophe Proudhon la coupe défectueuse de ses redingotes.

La conversation de Courbet a beau sembler souvent paradoxale aux esprits étriqués, ces prétendus paradoxes n'en sont pas moins, pour la plupart, tout resplendissants de bon sens, de fraîche originalité, ou de mâle attendrissement. Comment d'ailleurs, n'être pas entraîné aux apparences paradoxales, soit dans ses œuvres, soit dans ses paroles, quand on se voit réduit à lutter si longtemps contre tant d'inepties conjurées ?

Pour ma part, j'ai toujours conservé des conversations de Courbet un arrière-écho bienfaisant, analogue à l'impression grave que vous laisse la contemplation de ses tableaux.

Je laisse volontiers à d'autres le soin de parler de ses peintures ; seulement, comme de tous ses amis tenant plus ou moins bien une plume, je me crois le premier en date, et que cette question de sa personnalité n'a encore été suffisamment étudiée par personne, je tenais à signaler au moins ici cette lacune. Elle se comblera plus tard.

Qu'il reste donc provisoirement bien entendu, pour l'édification surtout de notre public franc-comtois, que Courbet possède, comme homme privé, toutes les grandes qualités de sa peinture, et que ses ressources intellectuelles et morales ont toujours été à la hauteur de la réputation qu'il laissera un jour en héritage à notre province.

III. Les patois de Franche-Comté et M. le chanoine Dartois.

Au commencement était le Verbe. Commençons donc aussi, par l'étude de notre langage indigène, le bilan de nos richesses. En 1850, M. le chanoine Dartois, aujourd'hui grand-vicaire à Besançon, publia, dans le bulletin de l'Académie de cette ville, un premier fragment du résultat des savantes recherches consacrées par lui, depuis trente ans, à l'étude des patois de notre province. Cet avant-travail de 150 pages in-8° m'étant tombé, il y a quelques semaines, pour la première fois entre les mains, me fit passer une pleine nuit d'insomnie : — Tu tâtonnes dans ta voie, me disais-je; voici l'homme qui va allumer ta lanterne. Le fait est que, malgré mon intrusion sur ce terrain philologique, je m'y sentais de plus en plus chez moi, en saluant au passage ces nuées d'expressions franc-comtoises, qui réveillaient en moi tant de lointains souvenirs d'enfance. Des mots aux choses il n'y a pas loin. M. Dartois, d'ailleurs, a marqué son essai de la véritable empreinte franc-comtoise, l'enthousiasme pour son œuvre, la foi vivace à l'utilité de son travail, et la ténacité que rien ne rebute. Il est vrai qu'après trente ans d'efforts, l'auteur est parvenu à se former un bagage d'érudition qui lui donne le droit de parler en maître.

Toutefois, en rendant hommage à ces beaux titres qui légitiment si bien son ambition de donner un jour au complet le vocabulaire et la grammaire de nos patois, je me demandais toujours : — Mais, où sont donc les textes? où est la littérature écrite qui devrait servir de base et de tablature préalable à cette entreprise? Quel labeur opiniâtre que cette poursuite de mots sautillants, aussi indisciplinés dans l'espace qu'une armée de sauterelles au milieu d'un pré frais-tondu?

Si ces complications augmentent le mérite de l'auteur, elles entravent bien aussi la bonne envie que j'aurais de mettre à contribution les résultats obtenus. Cet embarras me fait mieux sentir encore combien est juste et fondée la distinction que j'établissais tout à l'heure entre l'art et la science. M. Dartois fait sa besogne en philologue, et c'est son droit incontestable, tandis que je suis à la poursuite de documents littéraires. Il me faudrait des maisons bâties et même habitées, si petites soient-elles, et M. Dartois ne met à ma disposition que des pierres en chantier, ce qui ne fait plus mon compte. La philologie, où la science des mots, est un peu à l'idée ce que l'enveloppe hérissée de pointes est à la châtaigne. Les savants laissent trop souvent des pointes analogues hérisser leurs livres, ce qui en rend l'accès difficile au vulgaire. Néanmoins, avant de passer outre, en laissant M. Dartois élever son monument dont l'achèvement ne me met point en peine, je voudrais en donner un aperçu provisoire et succint qui ne sera pas superflu, car je soupçonne fort son travail de jouer chez nous le rôle du merle blanc : bien du monde en parle sans l'avoir jamais vu.

Dans un discours préliminaire, prononcé en séance académique, l'auteur commence par établir l'importance et la nécessité de l'étude des patois, pour qui veut arriver à une connaissance réelle de sa langue. Telle a été la conviction de plusieurs illustres franc-comtois qui font autorité en cette matière ; le savant Bullet, dans son *Dictionnaire Celtique* ; le théologien Bergier, dans ses *Eléments primitifs des langues*, et Ch. Nodier, dans ses *Notions élémentaires de linguistique*. L'existence des patois est un fait constant, dans tous les temps et dans tous les lieux. A peine aussi étendue que notre province, la Judée avait ses dialectes marqués, ses habitudes invincibles de prononciation. Cela tient à la nature de l'homme, qui est trop mobile et trop indépendant pour se laisser imposer une langue stationnaire, et renoncer à la liberté de créer des mots selon ses caprices et ses besoins. Les patois sont la langue de la plus grande partie du genre humain; des trois quarts de nos compatriotes en particulier. Il n'y a pas un siècle que l'aristocratie elle-même parlait encore patois dans nos provinces, et que beaucoup de prêtres de campagne prêchaient en patois. L'étude du patois est donc l'étude de l'humanité.

Nos patois ne sont pas, comme on pourrait le croire, des jargons enfantés par l'altération du français. Ce sont de vraies langues qui ont commencé en même temps que le français, qui ont marché parallèlement avec lui, et qui, subissant toutes les lois générales de formation, suite des invasions et des relations civiles ou religieuses, se sont façonnées pourtant assez isolément pour avoir chacunes leurs règles particulières, règles toujours logiques et conséquentes avec elles-mêmes, jusque dans leurs moindres détails.

Les patois éclairent à leur manière la grande question de l'unité des langues. On trouve dans les nôtres une masse de mots qui remontent directement à l'hébreu, au sanscrit, au grec, au latin, aux dialectes celtiques, teutoniques et scandinaves, sans préjudice de leurs affinités spéciales avec le bas-breton, le basque, le provençal, le languedocien, le catalan, le portugais, l'italien, l'allemand, l'anglais, etc.

M. Dartois passe ensuite à la *preuve* de ce qui précède, en jetant un coup d'œil spécial sur nos divers patois. Mon cadre ne me permettant pas de consigner ici, même par fragments, les petits dictionnaires critiques et comparatifs dont il enrichit sa démonstration, je me contenterai de reproduire à grands traits le sommaire de cet intéressant travail, lequel n'est lui-même qu'un abrégé de ce qu'on nous promet.

— Rapport entre nos patois et les diverses langues dont je viens de donner la liste. — Onomatopées. — Mots à origines incertaines. — Aperçu des richesses

de nos patois. — Variétés de formes pour le même
mot. — Synonymie. — Filiation des diverses racines. — Aperçu des ressources qu'offrent nos patois
à la linguistique. — Des mots patois considérés
quant à la grammaire.

Parmi les écrivains qui se sont occupés des patois
de France, reprend M. Dartois, les uns n'ont rien dit
des nôtres; les autres les ont rattachés au bourguignon ou les en ont complètement séparés; d'autres
enfin en ont fait des idiomes sans caractère et presque sans valeur. Il est temps que ces patois soient
mieux connus et appréciés; mais constatons d'abord
un fait important, encore ignoré de tous les philologues.

La Franche-Comté se divise, quant au langage, en
deux zônes très-distinctes, à peu de chose près égales
en superficie. Prenez une carte de notre pays. De la
frontière Est, canton du Russey, tirez à l'Ouest une
ligne presque droite, en passant par Flangebouche,
Tarcenay, Quingey, la forêt de Chaux, et arrivez
dans le département de Saône-et-Loire, en entrant à
peine dans l'arrondissement de Dole, par la partie
orientale et méridionale; approximativement, tout
ce qui est au nord de cette ligne est de la langue
d'Oïl, c'est-à-dire se rapproche par ses patois de ceux
de la Bourgogne, de la Champagne, de la Lorraine,
de l'Alsace, du pays de Porrentruy; tout ce qui est
au midi se rattache à la langue d'Oc....

Après ces données remarquables que j'étrique ici
bien malgré moi, M. Dartois établit les règles gram-
maticales de nos patois. — Les lettres. Voyelles propres. Voyelles muettes. Mutations dans les voyelles.
Consonnes propres. Accidents des consonnes.— Parties du discours. Article. Nom. Adjectif. Parti-
cipe. Verbe. Conjugaisons. — Euphonie. — Proso-
die.

On peut deviner, à ces indications, de quel intérêt sera ce travail une fois terminé. On peut comprendre aussi la difficulté que j'éprouve à en donner
un aperçu un peu de recette. Ce n'est pas petite
affaire que de créer ainsi le lexique et la grammaire
d'une langue qui varie si capricieusement d'un

village à l'autre, et presque sans autres éléments que la tradition orale. Ce n'est pas petite affaire non plus, une fois fourré là dedans, d'en sortir à l'honneur, quand on n'est pas philologue.

Puissent ces lignes engager les experts à rechercher bien vite le texte original. Ce beau résultat excuserait mon insuffisance que je déplore assez, mais qu'y faire ?

Avant de quitter M. Dartois, faisons, tant au dedans qu'à l'entour de son jardin philologique, et sans toucher même au patois, un bouquet de quelques-unes de ces bonnes grosses expressions franc-comtoises qui nous rappellent si bien notre pays, quand elles résonnent tout-à-coup à notre oreille, soit à Paris, soit à l'étranger.

A. Afler, Avanter, Armau, Appondre, Aisement (*ustensile*), Apchard, Avant (*osier*), Aigre (*faire aigre avec un levier*) Affutiau.

B. Barder, Bausser, Ballonge, Bourrenfle, Besiller, Boquillon, Besive, Bistrouille, Brique (*morceau*), Bouille, Bidet (n° 1), Bigâne, Bresi, Bourneau, Boussequigner, Bruâche, Bosse (*tonneau*), Boussotte, Bridle, Buchaille.

C. Caboulot, Cabouler, Criquet, Carmoiche, Charmoise, Couenneau, Couvier, Couiner, Choucot, Cenise, Chanci, Cramail, Charpigne, Chevanne, Cudot, Coquefredouille, Camber, Chavot, Cocrille, Cacouiller, Cor (*tuyau*), Câline (*bonnet*), Coutevet, Cheni (*dans l'œil*), Courotter, Chanteau, Cautaine, Chapon (*provin*).

D. Douzi, Digne (*de chanvre*).

E. Ensaigner, Ecot (*souche*), Ecarasse, Embruer, Enquepiller, Epettrosser, Echenée, Ecampiller, Enchâtre, Encrotter, Equevilles, Echailler, Ecalvarger, Emayer, Empâturer, Egrélir, Envoiler (*incendie*), Envers (*furoncle*), Epart, Environ (*tarière*).

F. Failles, Fleurier, Fougner, Faguenat, Filotte, Frâcher, Freguiller, Four (*faire au four*).

G. Galine, Gou (*rat*), Gouri, Gouillat, Gouilland, Gré (*à pâte*), Gugne, Guyot, Grafiner, Gruler, Genne, Grottons, Glinglin, Grillots, Gigi, Guillegander, Guilleribouton, Gipper, Greviller, Geguiller, Goumeau, Grie, Gommer (*tremper*), Grille (*du pied*), Griller (*ses écus*), Gifler (*enfler*), Grigne.

H. Hupper (*héler*).

I. Indiquer (*le linge*).

J. Joquer, Joume, Jicler, Jâfre, Jinguer.

L. Lâmoi! Larmier, Lâret, Lessus.

M. Mahon, Matras, Menevé, Misse, Mistifriser, Murie, Murger, Magnin, Maquevin, Matanies, Mangand, Met (*pétrin*), Margouille.

N. Naquard, Niquer, Naisir, Niau, Nau (*bassin*), Nailles.

O. OEuvre (*filasse*), Ourdon, Orval, Oquel.

P. Paraviré, Prôger, Pinfô, Pantet, Proie (*troupeau*), Paipat, Patarou, Pouquander, Pate (*guenille*), Peut (*laid*), Pincheline, Pussin.

Q. Quenilier, Quioupper.

R. Râche, Râchet, Rebeuiller, Redouiller, Répeler, Rempichotter, Rossée (*averse*), Renqueni, Ravauder (*marchander*), Rintri, Resillé.

S. Soute, Semous, Signôle, Soulier (*fenil*), Senicle, Senelle, Seu.

T. Tavaillons, Talvane, Trage, Ticlet, Tré, Tirvogner, Topette, Trouillot, Tuner, Trateler, Tirepoil, Triper, Taconner.

V. Vamber, Vougrer, Valter.

En voilà plus de cent cinquante. Cela suffit pour une fois. On n'en finirait pas, si l'on voulait tout donner. Presque toutes ces expressions représentent des nuances d'idée bien tranchées, et qu'il est impossible de rendre en français académique à moins d'une périphrase. Je me dispense de les traduire. Les Francs-Comtois les comprendront assez. Quant aux étrangers, à quoi bon? Ils n'en seraient guère plus avancés, attendu que ces mots ne réveilleraient en eux aucun souvenir.

Les patois de Franche-Comté ont attiré l'attention de quelques autres hommes d'étude que nous citerons ici pour mémoire. On m'a signalé feu M. le notaire Simonin pour les environs de St-Loup (Haute-Saône), et feu M. Reverchon, ancien juge de paix à Morez, pour les patois du haut Jura. Les travaux de ces MM. doivent être restés à l'état de manuscrits. Quant aux patois des environs de Montbéliard, ils ont été l'objet de brochures ayant pour auteurs M. Gustave Jallot, et M. le professeur Cuvier.

M. Ch. Thuriet s'occupe en ce moment de ceux de la vallée du Doubs.

Du reste, le travail de M. Dartois englobera, je pense, toutes ces tentatives locales.

IV. Nos traditions populaires et M. Désiré Monnier.

Huit cents pages in-octavo à 7 francs ! Voilà un
livre qui a la bedaine bien grosse pour courir le
monde. L'auteur, lui aussi a mis trente ans à recueillir les traditions populaires de notre province... et
d'ailleurs. Lui aussi, il a fini par découvrir une des
faces de l'histoire de l'esprit humain dans cette étude
qui le ramène à parler souvent de nos origines asia-
tiques. On avait conseillé à M. Monnier d'imiter les
frères Grimm, qui se sont contentés de raconter délicieusement les contes populaires de l'Allemagne.
M. Monnier s'y est refusé. — Il aurait, dit-il, trouvé
humiliant de se borner à colliger des contes de fées,
et à les raconter... délicieusement. Il a trouvé plus
convenable de faire un livre d'érudition d'une lecture
fort difficile. A chacun ses goûts. M. Monnier tient
souvent à nous rappeler qu'il n'est pas dupe des bizar-
reries populaires qu'il nous raconte. Le bonhomme
Lafontaine n'y mettait pas tant de façon quand il affir-
mait que si Peau-d'Ane lui était conté, il y trouverait
un plaisir extrême. C'est le même Lafontaine, il est
vrai, qui a formulé cette théorie si nette et si mécon-
nue du genre narratif :

— La façon de conter fait tout le prix du conte.

—Le mérite d'un repas intellectuel, a dit de même
Fielding, le grand romancier anglais, consiste moins
dans le sujet que dans l'habileté de l'auteur à l'ap-
prêter.
Admise cette définition, tous les sujets de récit
sont également bons... sous la plume d'un conteur
habile. Soit dit comme légitime défense des conteurs
simplement amusants, contre les grands airs de la
littérature qui se croit plus grave parce qu'elle est
plus lourde.
Essayons cependant de faire notre profit du gros
livre de M. Monnier. Il le divise en deux parties, le
règne de l'air et le règne de la terre, puis, comme
introduction au règne de l'air, il s'approprie quelques
pages du philosophe Perron sur les anges intermé-
diaires entre l'homme et la divinité. M. Perron a une

foi vive aux chérubins, aux trônes et aux dominations, ce qui est plus édifiant que littéraire. Puis viennent les anges gardiens et le diable ; les anges protecteurs de la terre et des personnes, analogues aux bons génies des Romains, aux esprits des Chinois, etc. La foi aux puissances de l'air était commune à tous les peuples, soit payens, soit de la bonne croyance, y compris les Celtes nos pères, qui en conjuraient la mauvaise influence à l'aide de leurs druidesses. De nos jours encore, raconte M. Monnier, un brave curé de Crançot (Jura), possédait, dit-on, le secret de faire cesser brusquement l'orage le plus violent, en lui lançant sa savate qu'on ne revoyait plus.

Parmi les esprits aériens bienfaisants, nous conservons mémoire, en Franche-Comté, de la tante Arie, d'où l'exclamation d'étonnement : — Arie! assez fréquente dans nos patois. Aux environs de Pontarlier, on connaît le Pleurant des bois. Ailleurs, c'est l'esprit crieur de Crimont ; à Moissey, la chasseresse aérienne ; à Scey, près d'Ornans, le chasseur nocturne, puis le Pégase de Foncine, localité remplie de souvenirs gaulois. Quant à la Vouivre, c'est là un mythe spécial à la Séquanie, où nous connaissons encore celles des environs de Champagnole, de Montbéliard, de Mouthiers sur la Loue, de Montmorot, de Mont-Roland, du Val-d'Amour, d'Orgelet, etc. Dans beaucoup de localités, nous avons encore la combe, la roche, le chemin ou la fontaine à la Vouivre. Le Basilic, serpent ailé éclos d'un œuf de coq couvé par un crapaud, est de tous les temps et de tous les cultes, ainsi que les dragons gardiens de trésors. Le papillon, l'abeille, la cigogne, l'hirondelle ont aussi leur part dans la vénération des peuples, de même que le fil de la Vierge, les étoiles filantes, l'aurore boréale, etc. Ce n'est pas uniquement chez nous qu'on parle de la bise noire et du vent blanc. Les Scythes attribuaient aussi une couleur spéciale aux quatre points cardinaux.

Avec ses arbrisseaux couverts de pommes et de rubans, notre dimanche des Rameaux se rattache au culte des Sabiens, adorateurs du soleil. L'influence attribuée aux étoiles, aux comètes et à la lune, est aussi une réminiscence orientale.

Le soleil fut adoré sur beaucoup de points de notre pays; à Besançon, à Mandeure, à Rurrey, à Montaigu-les-Vesoul, à Montmorot, etc. Les Celtes, nos pères, l'honoraient, aux sources des rivières et sur les montagnes, sous le nom de Bélenus, Bel ou Belin. Nous avons à Salins le mont Belin, ailleurs le Maubelin, le bois de Belin, etc. On fêtait spécialelement le soleil sur la côte de la Leuthe, près la Combe-d'Ain, à Château-Chalon, à Mirebel, à Condes, à Morez, aux Bouchoux. Autrefois, la veille de Noël, les enfants montaient sur les hauteurs, armés de torches qu'on appelait des *failles*. Cette tradition celtique n'était qu'une manifestation joyeuse en l'honneur du soleil, ce jour-là sur le point de recommencer une nouvelle année.

La lune, sous le nom de Anna, Iana, Diane, avait aussi son culte, et est devenue chez nous la dame verte ou la dame blanche de nos légendes. De là la dénomination de Combe-d'Ain ou d'Iana, de Ste-Anne, Chaudanne, etc.

Ces rapides analyses ne rentrent que difficilement dans le cadre de cette étude littéraire. Il m'a cependant paru utile de donner une idée générale des recherches de M. Monnier, pour l'édification de cette nombreuse partie du public à qui n'est sans doute guère parvenu son gros livre; aussi, après le règne de l'air, passons-nous au règne de la terre. Ici nous réussirons peut-être mieux à prendre pied.

Les œufs que l'on brise l'un contre l'autre au jour de Pâques, sont aussi un symbole de la terre, alors sur le point de s'entrouvrir aux influences du printemps. Quant à la dame verte, elle n'est que la personnification de Herta, déesse de la terre. La dame verte est connue sur beaucoup de points de notre pays. Le mois de mai avait aussi sa déesse spéciale, Maïa, ses champs de mai, où on élisait les chefs, d'où plus tard l'appellation de maïeur et aujourd'hui de maire. Le mois de mai était le premier de l'année celtique. Les mais, que l'on plante encore dans nos campagnes à la porte du magistrat municipal nouvellement élu, se rattachent à ces dates éloignées.

Les Celtes avaient aussi leurs déesses-maires ou dames-maires, d'où encore, je suppose, le Pré aux Maires, non loin du Pré aux Dames, dans la forêt de Levier. Quant à la Vierge-Mère, son culte, bien que celtique, est de tous les temps et de tous les pays. Les Druidesses étaient vierges aussi bien que les Pythonisses et les Sybilles. Maire, en langue celtique, signifie vierge-mère. Ce nom est presque identique à celui de Marie, mère du Christ. Il n'y a que deux lettres à changer de place. Le mois de mai était réputé funeste pour se marier, mais en même temps aussi, il était le mois privilégié pour les femmes mariées, libres alors de prendre leurs ébats. Un mari qui, durant ce mois, battait sa femme, était sûr d'être ignominieusement *trotté* sur l'âne qu'on lui faisait enfourcher à contre-sens, et la queue dans les mains, en manière de bride.

Le siége du culte des déesses-maires s'appelait le Médiolan. Au voisinage de Salins se trouvait celui de Molain, dans la forêt des Moidons. Venaient ensuite les fées, sortes de magiciennes par lesquelles nous jurons encore aujourd'hui en disant : — Mal des fées ! et non pas : — Mal d'effet ! qui n'aurait aucun sens. Aux fées étaient consacrés le foyard et l'aubépin. Nous avons la Cave aux fées de Romain-Mouthier, la Baume aux fées de Valorbe, la Grotte aux fées de Rochejean, la Côte aux fées des Verrières de Joux, etc. Les druidesses en fonctions étaient vêtues de blanc, qui était aussi parfois la couleur de deuil. De là nos dames blanches. Nous avons également les dames noires, les dames de pierre d'Entreportes, chantées par Aug. Demesmay ; les dames rouges ; le moine rouge et la dame verte dont la légende a été racontée par Ch. Nodier. En fait de géants, nous avons le géant Dessoubre, qui a donné son nom à un affluent du Doubs ; celui de la Pierre-qui-Vire, près Poligny ; le fauteuil de Gargantua, près Beaume-les-Dames. M. Monnier termine son volume en passant en revue nos pierres druidiques, nos nains du Jura, le lutin des voyageurs, le servant carabin, la lutinière d'Amancey, le fouletot qui s'amuse à égarer le bétail ; les divers esprits servants ;

les follets-bergers, la poule noire, la chèvre blanche, le cheval sans tête, le cheval Gauvin des environs de Dole, etc., etc.

On le voit, nous ne quittons pas le monde druidique et légendaire.

De cette étude ressort au moins cette évidence que l'histoire des idées religieuses se développe sans solution de continuité. Dans les mêmes lieux de nos contrées consacrés autrefois au druidisme, a surgi, après la conquête romaine, quelque temple païen, auquel on a substitué un couvent, une église ou une chapelle. C'est ainsi que, sur les hauteurs de Lyon, N.-D. de Fourvière a eu pour devancière.... Vénus, ni plus ni moins.

A la liste des usages de notre province indiqués par M. Monnier, ajoutons entre autres : la *mouillotte*, tartine de pain grillé trempé dans le vin chaud, offerte chez le mari à la nouvelle épouse au sortir de la messe nuptiale ; la *quenouille enrubannée* qui couronne le bagage de la nouvelle mariée quand elle va s'établir dans un village éloigné ; les *pois frits*, mis par les nouveaux époux de l'année, à la disposition des jeunes gens du village, le dimanche des *Piquerés*, premier dimanche de Carême ; la cabane mobile de *bois feuillu* dont s'affublent les enfants dans quelques-uns de nos villages, pour aller chanter le mois de mai à la porte des maisons ; *la veillée de la morte*, pratiquée par les jeunes filles, en mangeant du riz, la nuit qui précède l'enterrement d'une de leurs camarades ; *l'œuf de bienvenue*, auquel tout visiteur a droit, dit-on, dans la maison où il entre pour la première fois, et enfin les *noisettes* distribuées à Noël par les jeunes filles à tous leurs bons amis, etc.

Dans sa spécialité, le livre de M. Monnier résume à sa manière les travaux parallèles de MM. Ch. Nodier, Duzillet, Marquiset, Aug. Demesmay, Marmier, Clovis Guyorenaud et autres. La difficulté de sa lecture tient surtout, je crois, à sa prolixité extrême et au relâchement de sa méthode d'exposition. Il m'a fallu relire plusieurs fois ces 800 pages, la plume à la main, pour m'y orienter un peu. Que cela tienne à mon incompétence, je le concède tant qu'on vou-

dra ; mais les livres savants ont précisément pour but
d'instruire les ignorants, et, quand une leçon ne mord
pas, je suis toujours enclin à en attribuer un peu la
faute au professeur.

Mes réserves ainsi posées, au point de vue de la
forme, il serait injuste de ne pas savoir gré à M. Monnier de la sollicitude pour sa province natale dont
témoigne la persistance de ses recherches. Des premiers il a eu parmi nous le pressentiment d'une
certaine direction populaire à donner aux études
historiques.

Il n'y a pas, en Franche-Comté, une telle sura-
bondance de bons vouloirs aussi manifestes, qu'on
puisse songer à lui contester le mérite de son initiative. A chacun sa tâche et à chaque jour sa besogne.

V. Poésies populaires de la France.

Un décret du 13 septembre 1852, rendu sur le
rapport du ministre Fortoul, prescrivait la formation
d'un recueil de poésies populaires de la France. Un
comité fut institué. M. Ampère en rédigea les ins-
tructions aussitôt lancées dans les engrenages admi-
nistratifs. Le but était de former, sous les auspices de
l'autorité, une collection générale de tous les produits de la verve populaire restés jusque là dans
l'oubli, dit le programme, par suite d'un dédain
irréfléchi, né des habitudes un peu mondaines de
notre littérature.

Le programme de M. Ampère consistait en une
brochure de 64 pages grand in- 8°, expliquant fort
clairement, et au moyen de nombreux exemples,
les intentions et désirs du comité. Les recherches
devaient porter sur les poésies religieuses, prières,
légendes, vies des saints, miracles, cantiques, chants
des diverses fêtes de l'année ; — sur les poésies populaires d'origine payenne, souvenirs druidiques,
germaniques ; — sur les poésies didactiques, morales, historiques, romanesques ; — sur les chants de
mariage, baptême, première communion, prise de
voile, enterrement ; — sur les chants de soldats, de
marins, forgerons, tisserands, cordonniers, sabotiers,

fileuses, menuisiers ; — sur les chansons de compagnonnage, desemailles, de moisson, de vendange, de cueillette des olives ; — sur les chansons de chasseurs, pêcheurs et bergers ; — sur les chansons de circonstances, sur une invention, une mode, un évènement ; — sur les chansons satiriques, badines et bachiques.

Ce programme, par lui-même rempli d'intérêt, indique assez combien le comité avait conscience des difficultés de l'entreprise. Le corps enseignant, ainsi mis en demeure dans tout l'empire, envoya quelques communications ; du moins, je le suppose, puis le ministère Fortoul disparut ; le comité remit les suites de l'entreprise aux mains de M. Rathery, de la Bibliothèque impériale, et la chose en resta là.

De prime abord, il semble que le succès est assuré d'avance à une pareille tentative dès qu'un ministre en fait ainsi son affaire. Il en va cependant un peu autrement. L'art d'Etat présente autant de difficultés que la religion d'Etat, car il perd ainsi ses caractères si essentiels de personnalisme, de provincialisme et de liberté complète.

Au nombre des documents fournis au comité par ses correspondants officiels ou officieux, il peut d'ailleurs s'en trouver d'un intérêt tellement aventureux, que l'Etat hésitera à couvrir tout cela de son suprême patronage. Alors, on tombe forcément dans les épurations, dont il devient difficile de préciser les limites raisonnables.

Un collectionneur échappe à ces inconvénients. Opérant à ses risques et périls et sur son propre fonds, c'est-à-dire dans l'intérieur de sa province, dont il connaît, d'origine, les instincts, les ressources et le tempérament, il y apportera vraisemblablement un discernement plus pénétrant et plus sympathique que ne le ferait un étranger: Je n'en citerai, en exemple, que M. de La Villemarqué, pour la Bretagne. Parler de notre province natale, n'est-ce pas, en quelque sorte, parler de nous-mêmes ?

Qui trop embrasse mal étreint, dit le proverbe. Il faut bien que ce soit pour avoir trop embrassé que l'Etat, depuis dix ans, n'a encore pu réaliser son recueil en projet.

Son appel a cependant fait éclore quelques brochures locales, parmi lesquelles je citerai l'étude sur les chants populaires de la Bretagne et du Poitou, par Armand Guéraud (Nantes 1859.) — Celle sur les prières populaires et les noces de campagne du Berry, par Rigault de Laugardière (Bourges 1856.) — Celle sur la poésie populaire en Normandie, par Eugène de Beaurepaire (Avranches 1856.) — Celle sur les chants populaires de la Flandre, par de Coussemaker (1856.) — Sur ceux de l'Angoumois, par Castaigne (Angoulême 1856.) — Sur les poésies populaires de la Lorraine (Nancy 1855) et sur les Noëls *nouvieaux* de Bourges (1855.)

En ce qui concerne la Franche-Comté, les résultats jusqu'à ce jour n'ont été qu'assez fâcheux. Après avoir découvert l'existence, à un moment donné, d'un recueil de chants populaires franc-comtois dans les papiers de Dom Grappin et cédé, à l'appel du gouvernement, par ses héritiers de Briaucourt (Haute-Saône), il m'a été impossible d'en retrouver la piste. Ce recueil est probablement enfoui dans les liasses remises à M. Rathery. Quand en sortira-t-il ?

De date antérieure, nous possédions déjà les usages et chants populaires de l'ancien Bazadois, par Lamarque de Plaisance (Bordeaux 1846.) — Les études alsaciennes (en allemand) de Stœber. — Les chansons du Béarn, par Rivarez (Pau 1844.) — Les Noëls bourguignons de La Monnaye, réédition (Paris 1842.) — Les Noëls bressans, réédités par Philippe Le-Duc (Bourg 1845), etc., etc.

Ce que le gouvernement n'a pu encore faire, du moins dans les vastes proportions d'abord rêvées, un homme d'intellige.. initiative, M. Champfleury, est venu à bout, en 1860, de le réaliser à lui seul. Comprend-on quelle dose il faut de ténacité et de vaillance, pour se dire un beau matin, sans être revêtu d'aucun mandat ni caractère officiel : — Je vais faire à moi seul un livre sérieux et charmant sur les chansons populaires de toutes nos provinces de France ? Que savons-nous, en Franche-Comté, par exemple, des mœurs intimes du Poitou, de la Gascogne, de la Picardie, de l'Auvergne, de la Provence ? Bien peu de chose, avouons-le sans façon, en ajoutant même qu'il nous reste infiniment à apprendre sur notre propre pays. S'il eût réalisé tout son programme, le comité eût sans doute publié de gros et nombreux volumes pas mal chers et d'une lecture assez difficile, et les travaux complétifs dans chaque province, n'en fussent pas moins restés à faire. À lui seul, le livre de M. Champfleury suffit pour nous faire comprendre le parti que nous pouvons tirer de nos richesses locales ; aussi, dans le *Constitutionnel* du 2 janvier 1863, M. Sainte-Beuve a-t-il tenu à lui rendre dignement justice. On saisit mieux l'intérêt de ce magnifique spectacle en le contemplant d'assez haut pour l'embrasser d'abord dans son ensemble. Alors commencent les étonnements, les admirations et les retours sur soi-même. Il a dû en être ainsi au début de la science géologique. Un homme ramasse un caillou, le retourne, puis le rejette en haussant les épaules sur la nullité de sa valeur. Plus loin, il en retrouve un autre, l'observe de nouveau, en constatant ses analogies ou ses différences avec le premier. De fil en aiguille, il en arrive à soupçonner des gisements plus ou moins réguliers, embrassant des contrées entières ; puis vient la théorie des alluvions, des soulèvements, etc., et la géologie se dégage de toutes pièces.

On éprouve un étonnement quelque peu semblable à la lecture du livre de M. Champfleury. Ce qui domine, dans ce livre, c'est l'idée d'ensemble ; c'est l'intelligence d'une grande synthèse nationale qui s'y manifeste.

Ce livre, du reste, n'est que la première partie de la série d'études analogues qu'il prépare sur l'imagerie, sur la librairie et la faïencerie populaires. Que de démarches pour obtenir telle assiette à coq, tel plat à barbe, telle soupière boiteuse !

Et le grand saladier au pommier d'amour ! Vous ne le connaissez peut-être pas, ce merveilleux pommier, sur lequel, au lieu de pousser des pommes, il pousse des maris ?... Aussi, faut-il voir quelle nuée de vieilles filles en maraude lui donnent l'assaut, à grands coups de gaule. Cependant, les maris résistent comme de vraies pommes à verjus ; ce que voyant, deux respectables routières, mieux avisées que les autres, se mettent à scier le tronc du pommier. L'arbre une fois abattu, ce serait bien le diable si l'on ne picorait à l'aise dans ses branches.

Et les assiettes révolutionnaires de Nevers ! et les assiettes royalistes de Nantes ou d'ailleurs...!

Pris isolément, ces brimborions divers peuvent sembler insignifiants ; mais que tout soit accumulé pendant quinze ou vingt ans par une main intelligente, et, à votre grande surprise, vous allez y découvrir un monde ; vous allez y sentir battre le cœur de l'humanité ; vous allez y trouver même au besoin l'histoire de France écrite d'une façon toute imprévue.

Faïence rustique, images d'Épinal, petits livres bleus et chansons populaires, comprenez-vous maintenant la connexion, la filière, l'homogénéité d'idée ?

Qu'on me pardonne ces longs préliminaires. Ils me semblaient indispensables comme indication du point de vue exclusivement littéraire, auquel je prie le lecteur de vouloir bien se placer, pour qu'il ait chance de trouver quelque intérêt aux exhibitions suivantes.

VI. Caractéristique du Noël littéraire.

Les Noëls occupent une place importante, en tête de nos chants populaires. Sous ce rapport, nous n'avons rien à envier à personne. Notre part est même si belle, qu'à cet égard notre province peut hardiment se proclamer comme Louis XIV : *Nec pluribus impar.* C'est ce que je prouverai ci-après de mon mieux.

Quelques étymologistes font dériver le mot Noël de : — *Dies natalis,* jour de la naissance de Jésus. D'autres prétendent que nos vieux druides saluaient déjà de ce cri joyeux : Noël ! Noël ! le retour du soleil et des jours grandissant peu à peu, à partir du solstice d'hiver. Pour d'autres, ce mot a dû être

longtemps l'équivalent de : vivat! Quand le roi
Charles VII entra dans Paris, le peuple, dans sa
joie, cria : Noël! Noël! Enfin, l'on donnait autrefois, en Franche-Comté, le nom des *quatre nataux*
aux quatre principales fêtes de l'année, ce qui indique une vaste extension au sens vulgairement donné
au mot Noël.

Quoi qu'il en soit, le petit poëme de ce nom paraît être tout-à-fait spécial à nos diverses provinces
de France, où il s'épanouit surtout, soit en français,
soit en patois, vers la fin du dix-septième siècle et
le commencement du dix-huitième. D'abord simple
cantique de piété, le Noël ne tarda pas, sous l'influence de la mode, à se prêter aux combinaisons les
plus diverses. Tour à tour naïf ou narquois, plaintif
ou courtisan, frondeur ou pittoresque, le Noël est
devenu, malgré le dédain de la critique, une forme
poétique toute nationale à ajouter à notre bilan littéraire.

Un point curieux à signaler, c'est l'impossibilité
de retrouver, au-delà de nos frontières, la moindre
trace du Noël tel que nous le comprenons. Noël est
cependant fêté en Angleterre et en Allemagne aussi
copieusement que chez nous, mais d'une autre façon.
Les Noëls de Luther ne sont que des cantiques d'édification. On sait à quelles douces joies de famille
donne lieu en Allemagne l'arbre de Noël. Hébel les
a chantées à plusieurs reprises dans ses *Poésies allemanniques*, que j'ai traduites en entier. Citons un de
ces morceaux comme spécimen :

Sais-tu d'où peut venir, dis-moi, pauvre chère âme,
Cet enfant de Noël qu'à ton âge, on réclame
Tous les ans, ces jours-ci ? Laisse-moi t'éclaircir
Tout cela ; j'en aurai vraiment bien du plaisir.
    Tout là-haut, par delà les voûtes éternelles
Il existe un bel ange aux limpides prunelles,
Qui s'en vient tous les soirs, sur chaque enfant qui dort,
Etendre doucement ses grandes ailes d'or.
    Sur le front de l'enfant, c'est l'ange qui dépose,
Avec un doux baiser, ce teint si frais et rose ;
C'est l'ange qui de lui détourne tout danger,
C'est l'ange qui pour lui se plaît à ménager,
    En ces jours ennuyeux de neige et de froidure,
Cet arbre étincelant de flamme et de verdure

Que, dans chaque famille, on entoure à Noël,
Et cet ange si bon... c'est l'amour maternel.
   De maison en maison, viens-t'en par le village,
Partout tu trouveras un pareil déballage,
Partout tu pourras voir les mères en émoi,
C'est très-intéressant. Tiens, regarde avec moi,
   Celle-ci d'abord, qui, sur son arbre déploie
Tant de folles douceurs, que chaque branche ploie,
Pour son fils que pourtant, il faut souvent gronder.
Elle a vraiment bien tort d'ainsi l'affriander ;
   Car, elle se dira, plutôt qu'elle ne pense :
— L'ingrat !... est-ce donc là toute ma récompense ?
Pauvre mère, hélas ! oui ; d'un enfant si gâté,
L'on n'a pas droit d'attendre une ombre de bonté.
   Allons un peu plus loin. Dans la maison voisine,
Aux bonbons, l'on a joint la verge, j'imagine ?
Tout juste ! aussi voilà, j'en suis sûr et certain,
Un enfant qui jamais ne fera le mutin.
   La mère ici doit être une femme excellente.
Quand il prend au gaillard quelque humeur turbulente,
Elle n'a qu'à, du doigt, lui faire apercevoir
Cette verge en repos derrière le miroir ;
   Et l'enfant obéit sans qu'on ait besoin même
D'en arriver jamais à rien de plus extrême.
Plus tard, cela va faire un excellent garçon...
Passons plus loin. Mon Dieu, quelle triste maison !
   Des enfants tant et plus, mais pas la moindre trace
D'arbre. — Ah çà ! dis-nous donc, toi leur mère, de grâce !
Comment peux-tu les voir polissonner ainsi,
Tous hâves et crasseux, sans te mettre en souci,
   Même quand, à manger leur estomac demande ?
Tu savoures pourtant bien ton café, gourmande.
Allons encor plus loin. Vois donc si c'est cruel
De n'avoir pour garnir son arbre de Noël
   Que quelques maigres fruits tout ridés... Pauvre mère,
Combien sa pauvreté doit lui sembler amère...
Pendant que tout le monde est en plaisir, ailleurs
Elle, pour son enfant, n'a que ses pauvres pleurs..
   C'est bien triste, et pourtant, de pareilles familles,
On voit sortir souvent de toutes braves filles,
Souvent de même aussi de tout braves garçons...
Tout dépend des bons soins et des bonnes leçons.

   Voilà le diapason du Noël allemand. Nous verrons
combien le nôtre diffère. A Berne, c'est un homme
engaîné dans un gros âne en carton qui apporte aux
enfants les cadeaux du petit Jésus, lesquels sont pon-
dus chez nous par la *tronche* de Noël.
   Un autre poète patois de l'Allemagne se rattache

plus directement au point qui nous occupe; c'est le
prêtre catholique Sébastien Sailer, qui accoutra de
la façon la plus baroque l'histoire de la création, de
la chute de Lucifer et des Rois-Mages. Seulement
Sailer adopta la forme scénique. L'intérêt de ces petits
drames naît du travestissement perpétuel du Père
éternel, des anges, d'Adam et Eve, de Lucifer,
d'Hérodes et des Rois-Mages, en gros paysans de la
Souabe. Sailer pousse ce procédé à l'extrême, mais
la bonhomie allemande est accommodante.

Dans Sailer, le Père éternel consulte son almanach,
et choisit le printemps pour bâtir le monde, attendu
qu'alors on est plus sûr de n'être pas dérangé de sa
besogne en plein air par les intempéries. En été, ce
sont de continuels orages, et, au moindre mouvement, vous voilà tout en sueurs. En automne, les
ouvriers sont à vendanger, et on ne peut plus avoir
de manœuvres. En hiver, les gens aiment mieux
fumer leur pipe derrière le poêle, que d'aller travail-
ler dans la neige, où l'on a assez à faire à souffler
dans ses doigts. Va donc pour le printemps. Tout le
morceau continue sur ce ton.

Dans la Chute de Lucifer, saint Michel recommande
bien aux anges de se confesser et de mettre des sca-
pulaires avant d'aller à la bataille. De son côté,
Lucifer promet aux anges rebelles de les faire tous
préfets ou sous-préfets, dès qu'il sera le maître. Par
malheur, une colique le prend au moment critique.
Il court de toutes ses jambes au cabinet. Saint Michel
arrive, tourne la clé, et voilà Lucifer prisonnier
sans coup férir. Pendant ce temps-là, le Père éternel,
en robe de chambre, en pantoufles et en bonnet de
coton, se tourmente dans son fauteuil d'avoir admis
parmi ses anges, ce chenapan de Lucifer. Hans
Wourst, le Gros-Jean de l'Allemagne, le rassure.
Saint Michel entre brusquement en annonçant qu'il est
victorieux, mais qu'il meurt de soif. — Moi aussi!
s'écrie Hans Wourst.—Oh! toi, tu es toujours prêt à
boire! réplique jovialement le Père éternel, en en-
voyant aussitôt chercher à la cave tout ce qu'il y a de
mieux en fait de vins du Rhin, de vins de Bourgogne,
de vins de la Moselle, de la Valteline et du Margraviat.

Pour les Rois-Mages, ils arrivent chez Hérodes au moment où celui-ci est en querelle avec sa femme, qui lui reproche d'être un coureur, un mangeard, passant tout son temps à la brasserie. Quelle idée d'amener ainsi chez soi des vagabonds qui ne sont pas plus rois-mages que ma pantoufle, surtout ce nègre, avec son étoile de carton sous le bras, et qui est noir comme un ramoneur. Le plus souvent qu'elle va se mettre en frais pour les régaler !

La Souabe est réputée en Allemagne comme la terre classique de la niaiserie burlesque, ce qui n'empêche pas cette contrée, d'une configuration toute jurassique, d'être la patrie de Schiller, de Hégel, de Ubland, etc. Les farces de Sailer ont eu l'honneur de faire éclater de rire Gœthe, et d'être protégées par le cardinal de Rodt, évêque de Constance, à qui elles avaient été dénoncées par des gens trop scrupuleux. Sailer, né en 1714, mourut et 1777. Ces drôleries, en peignant à leur manière la vie populaire des environs de Ulm, se rattachent moins directement au genre des Noëls, qu'aux *Mystères* de notre vieille littérature, lesquels, quoique joués dans les églises même, s'en permettaient bien d'autres.

« Nos bons aïeux, dit M. Ste-Beuve, n'y éludaient aucuns des côtés scabreux du sujet ; bien loin de là, ils étalaient au long ces endroits et les paraphrasaient avec complaisance. Qu'il s'agisse, par exemple, de conception immaculée et d'incarnation, ils vont tout déduire par le menu, mettre tout en scène, les tenants et aboutissants.... Marie et son vœu de virginité ; celui de Joseph ; leur embarras à tous deux quand on les marie, puis l'étonnement de Joseph et la façon dont il l'exprime, tout cela est exposé, développé bout à bout, avec une naïveté incontestable, avec une naïveté telle qu'il est presque impossible, aujourd'hui, d'en extraire seulement les passages et de les isoler de leur lieu, sans avoir l'air de narguer et de profaner. »

Sous beaucoup de rapports, les Noëls sont les héritiers et les continuateurs des mystères, mais avec des modifications considérables. Au lieu de se jouer dans l'intérieur ou sous le parvis des églises, les Noëls ne sont guère chantés chez nous qu'à la veillée, autour du foyer de famille, avec consommation de grillades et de vin nouveau.

« Que faut-il penser de ces goguenarderies de nos bons aïeux à l'égard des choses réputées par eux les plus saintes ? Étaient-ils aussi naïfs qu'on le donne à croire ? Il est difficile d'en douter, mais en admettant qu'il y entrait en même temps une certaine part de malice peu définie. Douter, gausser et croire, dit M. Ste-Beuve, tout cela faisait ménage ensemble. Nos aïeux soupçonnaient plus d'une chose ; ils en riaient ; ils s'en tenaient là. Le propre du vieil esprit, même gaillard et narquois, était de ne pas franchir un certain cercle, de ne point passer le pont. Il joue devant la maison et y rentre à peu près à l'heure ; il tape aux vitres mais sans les casser. On a remarqué dès longtemps cette gaîté particulière aux pays catholiques. Ce sont des enfants qui, sur le giron de leur mère, lui jouent toutes sortes de niches, et prennent leurs aises. Le catholicisme chez lui permet beaucoup de choses, quand on ne l'attaque pas de front... »

VII. Noëls de la Bourgogne et de la Bresse.

Pour mieux nous rendre compte de l'intérêt de nos Noëls, nous n'avons qu'à jeter un coup d'œil sur ceux de nos voisins de la Bresse et de la Bourgogne.

Les Noëls bourguignons ont pour auteur La Monnaye, de l'Académie française, né à Dijon en 1640. Cette origine indique à la fois leurs qualités et leurs faiblesses. L'auteur ne s'était guère signalé que par des épigrammes, des madrigaux, quelques poésies académiques et la fameuse chanson de *M. de la Palisse*, quand il se mit à écrire ses Noëls dans le patois de sa ville natale. De l'esprit, de la correction, de la verve aventureuse et goguenarde, voilà les traits distinctifs qui valent à La Monnaye l'avantage de faire poindre discrètement les noms de Voltaire et de Béranger sous la plume des critiques qui parlent de lui. C'est fort bien. Traduisez cependant en français ces spirituels persifflages du bourguignon *salé*, et leur intérêt provincial sera, il me semble, diminué de beaucoup. Autant qu'ils l'ont pu, ces chants narquois ont immortalisé la rue du Tillot et la rue de la Roulotte, mais par leur titre seulement, et, sous le vernis patois, nous trouvons, en somme, peu de traits plastiques de la vie bourguignonne ; peu de traits surtout de la vraie vie populaire. Sous ce rapport, le Glossaire est infiniment plus riche que les Noëls, ce qui est une faute grave. Que m'importent les belles nuances qu'un peintre possède dans sa boîte à couleurs ? C'est sur sa toile qu'il m'intéresserait de les voir combinées.

Que La Monnaye soit un érudit, un linguiste, un versificateur habile en patois, c'est possible, mais la naïveté sympathique, cet ingrédient si indispensable à l'écrivain populaire, n'allez pas la lui demander. Sont-ce des naïvetés bien sympathiques que celles de la chanson de *M. de la Palisse*? La Monnaye était trop *bon bourgeois* et trop académicien pour en connaître d'autre. A cet égard, nous avons beaucoup mieux en Franche-Comté.

Si les Noëls bourguignons forment une belle variété du genre, les Noëls bressans en indiquent une autre plus rapprochée du type de ce petit poëme, tel que nous le comprenons. Les vieux peintres flamands et hollandais, plus soucieux de la vérité humaine que de subtilités esthétiques, prenaient dans leur propre ménage les personnages de leurs tableaux religieux. De là l'intérêt intime et pénétrant que conservent leurs toiles. Il en est de même des Noëls, qui n'ont point à chercher leur originalité dans les événements bien connus de la Crèche, mais dans les accessoires locaux et populaires, plus ou moins gracieux ou pittoresques, qu'on y fait intervenir.

Brossard de Montagney et Borjon, les auteurs des Noëls bressans, appartenaient, ainsi que La Monnaye, à des familles de basoche et de magistrature, et comme lui, parfaitement au courant de la littérature de leur temps, ils n'écrivirent leurs Noëls à leurs moments de loisir, que comme un témoignage de la bienveillance dont ils gratifiaient leur province natale.

D'une diction aussi correcte que les Noëls bourguignons, mais d'une allure plus anodine et d'une bonhomie plus réelle, « les Noëls bressans, dit leur nouvel éditeur, M. Philibert Le Duc, ont conservé un grand intérêt pour l'histoire locale. Ils décrivent les mœurs d'une époque dont nous sommes séparés par un siècle et demi. Ils nous conservent les noms de plusieurs familles : ils nous montrent l'organisation municipale de Bourg et les allures des six quartiers de la ville, lorsqu'ils allaient, bannière en tête, rendre hommage à Notre-Seigneur. Les offrandes déposées dans la crèche rappellent toutes les productions du pays. La poularde de Bresse n'est pas oubliée ni les *mate-faim*, régal de la campagne, ni les délicates rissoles festonnées par le *crignolet*, ni ces andouilles grillées dont Bourg est aussi fière que de ses poulardes, et qui ne manquaient jamais aux joyeux *réveillons* de nos pères.

Loin de remplir tout le cadre des cantiques bressans, le petit Jésus laisse encore une bonne place aux hommes et aux choses du temps. »

Voici un joli trait adressé au Père éternel, dans un Noël de La Monnaye, et que nous donnons comme spécimen de sa manière :

— Ce n'est pas pour des prunes, si vous nous sauvez. Mieux vaudrait, ce me semble, que jamais le serpent n'eût attrappé la femme de notre père Adam. La bonne affaire pour votre repos et pour le nôtre aussi !

Nous aurions toujours vécu dans l'innocence, sans souci de finance, ni d'habits, ni d'atours. Le ventre plein de figues, de grenades, de melons sucrins, *maulin maulo*, nous aurions sur l'herbe verte fait la culbute. Vous, sur quelque nuage campé pour nous veiller, vous auriez dit, je gage ; nous voyant folâtrer : — En vérité, voilà des gens qui valent trop d'argent.

Voyons maintenant la Bresse à l'œuvre pour fêter le petit Jésus. Ces contrastes suppléent avantageusement les explications les plus détaillées :

— Dès que la ville de Bourg en apprit la nouvelle, on fit battre le tambour pour mettre tout par écuelles. Les bécasses, les levrauts, les cailles, les chapons gras, furent pris chez Curnillon, pour faire la *bourdifaille*; furent pris chez Curnillon, pour faire le réveillon.

Goy porta trois dindonneaux, et farcit une belle oie, et d'une longe de veau, il fit un bon ragoût. Sa femme fit du boudin et prit chez M. de Chouin, une grande bassine d'argent, pour y, pour y, pour y mettre, une grande bassine d'argent, pour y mettre son présent.

Quand l'hôte de saint François entendit qu'on faisait bruire les poêles et les lèchefrites dans le quartier de Tesnière, il fit faire à son valet une *potringue* de poulet (si bonne) qu'on s'en léchait tout droit, les ba, les ba, les babines, qu'on s'en léchait tout droit les babines et les cinq doigts.

Si l'on ajoute à ces joyeusetés la saveur spéciale dont les enrichit le patois, on comprend l'empressement du public à qui elles s'adressent à les accueillir, et le respect avec lequel il les case au nombre des monuments du pays natal. Les Noëls de la Bresse et de la Bourgogne ont obtenu tous les succès que comporte ce genre de littérature. Les derniers sont au nombre de trente ; les autres n'atteignent pas tout à fait ce chiffre. Les uns et les autres valent leur réputation et forment un curieux objet d'étude ; mais tout, bien examiné, je le répète hardiment : — nous avons mieux en Franche-Comté, et nous n'en sommes cependant pas plus fiers.

VIII. Les Noëls bisontins.

Si ces choses-ci s'appréciaient au poids, notre supériorité numérique trancherait d'emblée la question en notre faveur, car, tandis que nos voisins, en réunissant leurs richesses, comptent à peine une cinquantaine de morceaux, nous n'aurions pas à chercher longtemps pour produire les nôtres par centaines.

Sans faire spécialement profession d'esprit comme ceux de la Bourgogne, ni de *bourdifaille*, comme ceux de la Bresse, nos Noëls fournissent leur contingent suffisant en ces deux genres, et, dans leurs variétés infinies, ils ont, sur leurs rivaux, l'avantage de former un vaste panorama de la vie humaine, avec toutes ses joies et toutes ses perplexités.

Tels sont du moins les Noëls bisontins dans lesquels le vigneron s'occupe de ses vignes et de ses récoltes plus que des habitants du ciel. Le brave homme met, d'assez bonne grâce, son vin, sa farine, ses vieux échalas et ses vieux habits de réforme au service de la sainte famille, mais il semble que c'est afin d'acquérir plus sûrement le droit d'entretenir la Vierge et saint Joseph de tous ses démêlés avec sa femme, avec la misère et l'intempérie des saisons, justifiant ainsi la réputation de haute estime personnelle dont les Francs-Comtois jouissent assez par le monde. Ne fallait-il pas que le Noël fût chez nous ne forme littéraire bien réellement indigène, pour qu'un observateur aussi pénétrant que leur auteur, l'imprimeur Gauthier, pensât ne pouvoir trouver de moule plus avantageux à sa pensée, et revînt assez souvent à la charge pour porter à quatre-vingts morceaux l'ensemble de ce volumineux recueil ? La monotomie qui résulte de cette persistance est, dans la pratique, moins dangereuse qu'on ne pourrait le croire. Dans les veillées que ces chants sont destinés à égayer, les chanteurs n'en prennent jamais qu'à leur sôul. A aucun gala, il ne peut être nuisible d'avoir une forte provision de vaisselle, lors même qu'elle est toute du même modèle, et, d'un morceau à l'autre, il se trouve bien quelques nouveaux agréments de détail qui préviennent la satiété. Le moyen d'épiloguer tant qu'on est si vivement intéressé et amusé.

L'auteur abuse peut-être un peu parfois de son exhubérance. Il n'est pas toujours en verve sur une nouvelle donnée, à l'instant où il commence, mais ne vous impatientez pas..., cela va venir au revers de la page, où vous attend quelque bonne scène de notre vie populaire, d'une naïveté aussi intrépide que la réalité même. Parfois, le tableau attendu ne se produit pas, du moins dans son entier. Il faut se contenter de quelques mots qui l'indiquent seulement au passage, mais d'une façon saisissante. On complète alors soi-même l'intention dans sa tête, ce qui substitue une satisfaction d'amour propre à celle d'une contemplation pure et simple.

Ne devine-t-on pas, au complet, par exemple, l'intérieur d'un pauvre ménage de vignerons, dans ce seul couplet du premier Noël :

— Que t'és lâche ai t'haibillie ! Sus ! airés-te tantoue fâ ? Mâs goloiches (galoches) sont mouillies. I ne lâs sairoue guindâ (chausser). Aippoute-me mâs soulâs, que sont qui dezous ce lé.

Aujourd'hui même, à l'occasion d'une sortie de nuit, les choses ne se passent-elles pas toujours ainsi ? Ne voit-on pas d'ici le poêle de fonte qui s'est refroidi, les murs et le plafond noircis, la lampe crasseuse qui fume, les chaises qui boitent, le plancher accidenté de trous où l'on est constamment exposé à se faire des entorses, et, dans un coin, le grand lit à ciel carré d'où tombent les rideaux à grandes franges tout enfumés ? Quand on travaille ainsi sur le vif, on arrive à l'effet voulu, sans beaucoup de frais ni de façon.

Dès les premières pages on sent siffler la bise âpre de décembre, aussi, en réparant la cabane de saint Joseph, le vigneron ne tarde-t-il pas de s'écrier :

—Main, i a bin soi *(soif)*, i boiroue bin. Lai bise fâ lai gorge soîche. Vai, Pierrot, queri ce bari qui mis au soi dedans lai roiche *(pétrin)*, pou fâre in glou ai mon plaisi.

Sur les entrefaites, *tresit* dame Guillemette avec du boudin et un *mettre-cuir* du cochon qu'on a saigné dans la journée, et voilà la sainte famille obligée de participer à la ripaille de ces braves gens. Une fois si bien en train, quoi d'étonnant qu'on accueille fort mal l'arrivée subite des Rois-Mages qui vont troubler la fête ? Aussi, ne se gêne-t-on pas de leur dire leur fait, sauf à se radoucir un peu, à la fin, mais à une condition :

—Lassie-nous quéque chouse pou boire Ce serai ai voûte santâ.

Quel gosier et quelle prévoyance ! Voilà des gens qui, même à table et la bouche pleine, savent penser au lendemain !

Mais les Mages ne suffisent pas aux adorations de la crèche. Toute la ville de Besançon y arrive, l'archevêque et ses chanoines en robes violettes, la justice en robe écarlate, l'université, le bailliage en habits de satin, et surtout les vignerons avec l'inévitable baril, rempli de ce qu'il y a de mieux dans la cave.

A l'amour du baril, se joint l'idée fixe de la domination absolue du mari dans son ménage; aussi,

le vigneron ne parle-t-il d'Adam qu'en haussant les
épaules.

— Adam état bon gaichon sans sai chaite gorge. Quand i
moudait dans lou blosson (*pomme sauvage*) i nous mit ai l'orge. Se
l'eusse bourra lou groin de sai fanno ai coue de poing, nous airins victoire dessus l'ange noire.

Un bon coup de poing sur le nez de notre grand'-
mère Ève, et c'était une affaire bâclée. Comprend-on
qu'Adam n'y ait pas pensé? En tout cas, nous serions,
à l'occasion, mieux avisés que lui. Avis à dame Guillemette.

Les douze premiers Noëls sont du père Prost, ca-
pucin mort en 1696. L'imprimeur François Gauthier, mort en 1730, lui succède et fait honneur à
la succession. Lui aussi il amène toute la ville à la
crèche, mais l'ébauche de son devancier devient
sous sa plume un grand tableau où rien n'est oublié
ni la bannière de brocart, ni les écoliers qui se bat-
tent malgré les menaces de leurs maîtres, qui sem-
blent leur dire : — Demain vous payerez cela ! Puis
viennent les moines de toutes couleurs qui récitent
leur chapelet, les musiciens qui s'égosillent à chanter
le petit Jésus, les femmes qui vont par derrière à la
débandade, en relevant leurs cottes et en pestant
contre la boue.

Si le vigneron Golenot est énergique envers sa
femme, il n'est pas endurant non plus envers les hérétiques; seulement, régler le compte de ceux-ci
n'est pas son affaire. Il s'en rapporte pour cela à
l'archevêque, Monseigneur de Grammont. Ce qui
occupe surtout maître Golenot, c'est de savoir comment on fera le réveillon, en revenant de la messe de
minuit:

I faut dire ai nouete Pierotte, que boute grillie di boudin; que
tire ne channe de vin; que lai toble sait toute prote. Chouse
sûre! lorsque nous en revarrans, de fred las dents nous toque-
rans.

Dis li que farme l'auremâre; ca, nouete chait ost si lairon que
l'attrapperait lou jambion qu'ost qui dedans ce plait do tarre.
Gare! gare! s'i met lai griffes dedans, lou voulou n'y laisserait
ran.

Quand nous revarrins de Maitenne, nous n'airins garre ai
déjuenâ. Il y ai bin loin jusqu'au dînâ. I fa fred ai lai Mode-

lenne (la Madelaine), et lai bise que fâ souffla dans les doigts, fâ qu'on ai bécoue pus soi.

Si Golenot a des idées à lui sur les femmes et sur les hérétiques, il n'est pas moins intraitable au chapitre de la guerre et des guerriers. Jacques Bonhomme sait par expérience ce qu'en vaut l'aune, et quel profit cela rapporte au pauvre peuple; aussi réclame-t-il la paix à tout propos et sur tous les tons. Pour mettre à cet égard le petit Jésus dans ses intérêts, il l'engage diplomatiquement à venir se réfugier dans Besançon même, qui est une belle ville, bien bâtie, bien fortifiée, et où il y a une citadelle. Pour que le petit Jésus résistât à l'argument de la citadelle, ne faudrait-il pas qu'il y mît bien de la mauvaise volonté?

Que le mari règne, c'est possible, mais il ne s'en suit nullement qu'il gouverne toujours sans conteste; le dix-neuvième Noël nous le fera bien voir:

Guillemette. Vous rêsterins quatre jous à lai tôble, mangeous de bins, ivrougnes, saic-ai-vin ; sus, levaz-vous ; veniz dedans n'ètôle, *(étable)* ; vouo in roi, tout-pussant. Ollans ! Ollans, dans ce t'ètôle, ollans !

Jannot. Plantaz-vous qui, coummâre, chére aimie ; plantaz-vous qui ; figue de tout cequi. Passans lou temps en fesant bonne vie. Lou vin se beille ai ran ; bevans ! chantans ! et nous divatissans !

Guillemette. Sus ! dènipaz *(décampez)* ! C'est prou rempli voues panses; doubles creva, quoi ! troues heures ai soupa ! Menaz-nous vouo in Due que voues offensas, ant rédut au néant.. Ollans ! Ollans ! dans et'ètôle, ollans !

Jacquette I vaurait meu fare moins de dépenses, que, jou et neu, s'enivra vé in feu, pendant qu'in Due ost dedans lâi souffrance, quoiqu'i sait Roi pussant. Ollans ! Ollans, etc.

Tonnot. I voyais bin que l'ant trinqua, compare, et que lou vin lieu fa pala laitin ; que le voulant se môla das aiffares et das princes et das rois ; elle ant, elle ant bu di vin blanc d'Arbois.

Jacquette. Se vous n'aivins dans voues 'grousses bedaines, dés lou matin emboussie *(encuvé)* pus de vin qui n'en a mis aujed'heu dans lai mienne, vous varins vouo c't'offant, Ollans ! Ollans, etc.

Tonnot. Ecoutans bin : l'ant aippris das nouvelles, ai ce matin, au fouo *(four)* ou au melin *(moulin)*. C'est qui qu'on dit, compare, das marveilles. Nous doux, nous trinquerans, pendant, pendant qu'elles raiconterant.

Jacquette. Lou doue au feu et lou ventre ai lai tôble, lou doue au feu, tant lou jou que lai neu, vous n'écoutaz noues discouos, noues pairoules, et n'y comprente ran. Ollans ! etc.

Guillemette. Souetites toue (*sortez vite*)! ou moi et mai coummare, nous vans (*allons*) bintoue vous fare in vilain coue. Nous jeterans pain, vin, châ (*viande*) plaits pa tarre, et peu nous seuverans... Ollans! Ollans! etc.

Tonnot. Se te lou fâs, te vais vouo in bé jue ; se te lou fâs, maudit tison d'enfa ; i te romprâs lou coue, pa lai charbue (*juron*)! tête sans jugement, vais-t'en ! vais-t'en ! dénipe promptement.

Jannot. Raicontaz-nous, sans vous mettre en coulère, de bout en bout, coummare, dites-nous ce qu'on vous ai appris ai la revère *rivière*). Nous vous écouterans ; palaz! palaz! sans tant d'empoutement.

Jacquette. Las gens disant que ne vierge pucelle, en Bethléan, vint de fare n'offant que le nourrit de sai chaste mamelie. Poutans-li das presents. Ollans! Ollans! etc.

Tonnot. Qu vous ai dit cte drouele de nouvelle ? Qu vous ai dit ce conte jaune-qui ? Se pourrait-u que ne vierge pucelle eusse fa in offant ? Bon Due! bon Due! qué conte le nous fant !

Guillemette. On dit bin pus; on dit que das mounarques y sont venus, qui l'airait jaimas cru ? et li beillant pa lieus présents, das marques que ç'ost in roi pussant. Ollans! Ollans! etc.

Jannot. I ne sairoue compenre ce t'aiffare ; i ne sairoue compenre pour le coue que dans in temps que chaicun ai lai garre, das mounarques pussants quittint quittint lieu royaume ai présent.

Tonnot. Se l'antechrist venat dedans cte velle, se l'antechrist se disat Jésus-Christ, les fannes iript li ouffrit das chandelles, et peu l'hounourerint, ou bin, ou bin elles l'aidourerint.

Jannot. I seu devin ; is voulant lai pâ fare in bé maitin, et cequi irait bin. Se lou bon Due lai remet sur lai tarre, bin saiges nous serans. Jaima! Jaima nous ne l'offenserans.

Guillemette. Ce poupenot ost dans enne écurie, en in counot (*coin*), sans paiges, sans volets. Das Rois y vaut l'aidoura, et Mairie reçoit tous lieus présents. Ollans! Ollans! etc.

Jannot. Pus le causant, moins on y peut compenre ; pus le parlant, pus le m'embarraissant. Vourins-vous bin, coummare, nous aippenre, ce que ç'ost que c't'offant, qu'on dit, qu'on dit, qu'ost in roi si pussant ?

Jacquette. Ç'ost lou Messie que vint dessus lai tarre ; c'ost lou Messie qu'ost descendu di cie (*du ciel*), et qu'au péché vint dèkiarie lai garre, et nous sauve en naissant .. Ollans! Ollans! etc.

Jannot. Pouquoi teni dinkin (*ainsi*) las gens en poune ? Patans d'ici sans chaigrin, sans souci. Lou Messie vint; noues aiffares sont bounnes. Grimmaut (*Satan*) ne nous peut ran, Ollans! ollans! et nous vous condurans.

Guillemette. S'on li pouta, ai cete pouere angeotte, in poue de châ ; serait pou son soupâ. On en ferait enne bounne soupotte pou lai Mére et l'offant. Ollans! ollans! etc.

Jacquette. N'oublians pas das beguins, chemisottes; in bré (*berceau*), das pas (*des langes*), on dit qu'i n'y en ai pas ; que l'ost tout nu, couchie dedans ne grotte, entre dou animaux ; bon Due! bon Due! que l'o pou nous de maux !

Tonnot. Maule petoue *(maudit putois)* mainge qu'en ost lai cause ! I souhaiteroue qu'on li eût rompu lou coue. Pou in gouzé *(morceau de pomme)*, c'ost qui n'étrange chouse ; ce maulerie *(maudit)* sarpent, ait bin, ait bin aiffantouma *(ensorcelé)* noues gens.

Jannot. Dans cte saison qu'Adam éta en vie ; dans cte saison s'il i aivat das bautons, quand i voyait de sai fanne l'envie de maingie de ce frut, pouquoi pouquoi ne lai bautenat-u?

Jacquette. Se l'ére aivu *(s'il avait été)* aussi prompt que vous l'éte, nous n'airins vu jaima lou bon Jésus. Adam n'aivat vouete fouele de tête. Ce qu'ost fâ ost bin fâ. Ct'offant, ct'offant vint daisarma l'enfa.

Tonnot. *Ergo!* c'ost vous que causaz sès souffrances, et non pas nous ; coummare, aivoueaz-lou. Las poummes sont das fannes lai pidance ; nous, nous aimans lou vin, ce jus, ce jus qu'on tire di raisin.

Guillemette. Pa ! *(paix!)* cóisiez-vous, écoutaz cte musique ; pa ! coisiez-vous, causeriz-vous toujou ? Voites-vous pas *(voyez)* cete troupe angélique ? Due ! que le chante bin ! I crais, i crais que le pâle laitin.

Tonnot. I las voyais ! *(je le vois)*, un jue aivoue ne flouete ; ce pete-lai mene lou flageoulet ; et peu, ctuqui fa vion-vion sus sai viouele ; l'autre lé *(lit)* lai chanson. Voiqui, voiqui ne charmante môson *(maison)*.

Jannot. Raiccoudaas-noùs *(remémorons-nous)* pou li pala d'aiffares ; raiccoudans-nous, et qu'un pâle pou tous. Demandans-li qu'i tarmine las garres, et nous beillie lai pâ ; hélas ! hélas ! ne varrait-elle pas? *(viendra)*

Guillemette. I palerâ ai sai divine mère ; i palerâ et peu i li dirâ que le voit bin noues maux et noues misères, et que sans enne pâ *(paix)* las gens, las gens serant bin entraipâs *(empêtrés)*.

Tonnot. Se te paloues, te diroues das bétises, se te paloues, i te romproue lou coue, ea *(car)*, te né dis jaimâ que dâs sottises ; las gens s'en mouquerant, et peu, et peu de nous i se rirant.

Jannot. Divin offant, qu'éte venu su tarre, divin offant qu'éte in Due si pussant, beillie lai pâ ot finites lai garre. Aicceptaz noues presents. Hélas ! hélas ! ne sont poueres *(pauvres)* ai present.

Tonnot. As grands seigneus, on dit poue de pairoueles ; âs grands seigneus, ou sât qu'on doit l'houneu. Nous nous-en-vans pou fare plaice ai d'autres ; ca, voici bien das gens. Ollans! ollans! dans nouete velle, ollans!

Guillemette. Daime Mairie i a bin das chouses ai dire. Daime Mairie, écoutaz, i vous prie. Tonnot boit troue *(trop)*, l'ost presque toujou ivre ; s'i revint ai l'houtou *(au logis)* toujou, toujou i m'aissanne *('m'assomme)* de cô *(de coups)*.

Tonnot. L'écoutaz-vous ! c'ost ne tête de mule. L'écoutaz-vous ! Elle baibille troue. Elle o éta ai l'ècoule as Oursules *(aux Ursulines)* ; elle n'ai ran aipprîs. Hélas ! hélas ! elle n'ai point d'esprit.

Aidue vous dis, Jésus, Jousset, Mairie ; aidue vous dis ; nous faut pati d'ici; main craites-me, quittaz vouete écurie, veniz dans Besançon ; nous ans (*avons*), nous ans de trâs-belles môsons.

La progression va son train. Après les coups de poing, les coups de bâton. Déjà Jannot ou Golenot, si l'on veut, ne s'en tient plus aux menaces, à ce que dit sa femme, et ce n'est pas fini. On peut s'y attendre en voyant Guillemette lancer ainsi ce sophisme qu'Eve a eu une charmante idée de manger la pomme, afin de fournir au petit Jésus l'occasion de venir nous voir.

A mesure que la scène s'élargit, la versification de Gauthier déploie ses ressources, .et ses allures rhythmiques rappellent par moment, non la perfection de l'école de Ronsard, mais jusqu'à un certain point sa désinvolture. Avec plus de sobriété et une confiance plus absolue dans l'importance littéraire de son idiôme patois, peut-être fût-il arrivé à une plus constante solidité de style. Il est du moins permis de le supposer au vu de nombreux passages écrits de verve. Les difficultés du métier n'excusent jamais de mauvais vers. Il est si simple de n'en pas faire du-tout. L'essentiel est que la pensée ait toujours ses coudées franches, et ne soit pas prisonnière dans un moule quelconque, comme le serait un grenadier dans une caisse d'horloge.

Les naïvetés de Gauthier ne l'empêchent pas de penser aux soins de ses intérêts de poète et de libraire; il fiche carrément son nom et son adresse dans plusieurs de ses Noëls, ce qui nous vaut, entre autres, l'agrément de savoir qu'il habitait à Besançon la rue Poitune. Une pareille estampille est la meilleure garantie contre la contre-façon, et on est ainsi assuré que, même transmis de mémoire, lesdits Noëls reviendront toujours comme des pigeons au colombier natal.

Plus nous avançons et plus Golenot s'intrigue pour gagner les bonnes grâces de la sainte famille. Il a son idée dont il ne démord plus. Ses soins personnels n'ayant pas réussi à remettre l'étable de Béthléem sur un bon pied, il y amène tous les gens de métier de Besançon, et fait l'article à saint Joseph comme un entrepreneur de bâtisse, aux prises avec les lésineries d'un bourgeois rétif. Saint Joseph a beau refuser l'architecte qu'on lui présente, en objectant que l'enfant n'aime pas les grandeurs, Golenot insiste pour qu'on répare au moins la toiture, car il va pleuvoir, et d'ailleurs le menuisier, le couvreur, le maçon, le charpentier, et même les ancelles, tout est prêt.

Ças gens ant bounne intention. Traicie-lieu lai besougne. Vous sâte lai proufession ; i sont remplis d'invention ; l'ant bons brais, bounne trougne. Çai ! qu'on las mette en action. Nun de lieu ne refrougne.

Voici que pou lou farrement, vant fare vouete ouvraige. I traivaillerant fouetement et même bin déligemment ; sire Jouset, couraige ! Dans poue de jous ce bâtiment airait pus de n'étaige.

— Voici vos petegnots volots (*petits serviteurs*), disint las teillandies ; nous railluerans (*racommoderons*) vouete volot (*valet, outil en forme de* 7,) et lou fâ (*fer*) de vouete raibot. Nous ans du bon acie, qu'ost bin fin, bin dieu (*dur*) et bin not. I lou faut raicirie (*acérer*).

Las airmuries voulint entra, pou li oufíri das armes, main saint Jouset ne voulait pas, disant qui n'aima que lai pâ. Las troubles, las ailarmes, ce poupon n'aicoummodant pas. Lai pâ toujou lou charme.

Entente-vous ças mairéchaux fraippant su lieu enclume ? I disant tretous qu'i lieu faut baittre lou fâ quand l'ost bin chaud, et que, chouse très-sûre, i guèrirant tous las chevaux, hormis ceux qu'ant lai rhume.

I vant fourgie quaitre bons fâs, pour refarra vouete âne. En voiqui déjai doux de fats. I commmencint ai li pouesâ ; main n'y prenant pas gâde, aivoue in cliou, i l'ant piquâ. L'ant aivu ne ruade.

Las clouties que sont tout en rond autoue de lieute forge, fant das pouintes pou las chevrons. Lou mâtre aivoue sas compaignons, de toute souete en borge (*fabrique*). Lou feu, lai bise en ete saison, lieu fant soichie lai gorge.

Ceux-ci sont das pouties d'étain que poutant lieute aiffare. Vouete maînnaige en ai besoin. I lieu en faut laissie lou soin, et pou las laissie fare. Ai l'aiveni vous n'airiz point de vaisselle de tarre.

Las routisseus, las boulangies se mirent de ne bande, aivoue las mâtres pâtissies. I poutint dedans das penies, das pâtés et das viandes, pou saint Joueset et Mairie, qu'étint das pus friandes.

Ceux-ci treivaillant au bonbon, fant de lai pâte d'orge, das confitures de citron. L'en aippoutant pou ce poupon ; même las chaites gorges en maingeant, lou trouvant bon. Tous las jous on en borge.

Vouete chaipé, sire Joueset, n'ai pai trou bounne mine. Beillie-

lou, on lou railluerait, ou in noué (*nouveau*) ou vous beillerait;
de bonne laine fine, dont lai teinture durerait. On en fâ grande
estime.

Les chaudronniers veulent faire un coquemar à
saint Joseph, et lui étamer sa marmite ; puis viennent les tailleurs qui (Golenot le certifie !) ne 'volent
jamais le plus petit morceau de drap à leurs pratiques;
non ! pas même ce qui leur entrerait dans l'œil; puis
les cordonniers prennent mesure de souliers à la
sainte famille, en promettant d'y employer leur meilleur cuir. Le rémouleur s'offre à aiguiser les outils
de saint Joseph, et enfin le ramoneur veut nettoyer la
cheminée de l'étable. Quand chacun a fait ce qu'il a
pu, restent encore aux parois quelques fissures par
lesquelles continue à souffler la bise. L'ingénieux
Golenot envoie aussitôt chercher une main de papier
chez son ami Gauthier, le libraire de la rue Poitune,
qui certainement ne la fera pas payer. On colle
le papier sur les fissures, et voilà la sainte famille
à même d'attendre en paix le retour de la belle
saison.

Une autre fois, Golenot va chez son ami Tonot,
qu'il trouve désespéré des maux dont la guerre ac-
cable le pays, et résolu à partir pour Bethléem. —
Bah ! lui répondit-il, en se moquant de lui, buvons
une bonne channe de vin nouveau, grillons du boudin, et reste tranquillement chez toi, en te rappelant
que partout les pierres sont dures. Tu te plains de ta
femme ? Et la mienne donc ! En voilà une de forte
en gueule ! et qui saboule nos enfants de la bonne
façon, sans compter qu'aussitôt que je veux les défendre, elle a ses attaques de nerfs.

La bouteille a beau être, dans beaucoup de cas,
une solution souveraine, elle est impuissante contre
la curiosité indiscrète des enfants terribles.

— Oncliot, contaz-nous vouo quéques petites faubles; ctie de
Jean de Paris, ou de lai Pé d'ânon. Deurmi souetant de toble,
cequi n'ost pas trou bon. Chantaz-nous quéque drouele chanson.

— I n'â pas, mas offants, trou grande envie de rire. Mon cœu
ost si mairi, qu'i ne saiproue chanta. Jou et neu i soupire. Noues
bourgeons ant geolâ; pon comble de martyre... coulâ!

Nous disins entre nous : — Ce n'ost pas qui n'aiffare. Lai bise
n'ai pas queu (*cuit*) tous noues poueres bourgeons. L'ost vera qui

sont rares. Lou vin serait bin bon ; main, mas offants ! tarare ponpon *!*

— Ne vous aittristaz pas, et prante patience. Aittente seulement jusqu'ai l'annâ que vint. Nous airans l'aibondance et tant de jus divin, qu'on boirait pou dèpense *(piquette)*, di vin.

— Dans ce temps de Noué, i faut laissie lès faubles, et nous entreteni d'in mystère sacré. Lai créature foulé, ai fâ que dans in bré *(berceau)* Jésus, dedans n'ètaule, ost né.

Ecoutaz bin, offants, c'ost lai sainte Ecriture, qu'i vais vous raiconta, d'in bout ai l'autre bout : — Due prend notre naiture, et nous veut sauva tous das griffes d'in parjure... hibou.

Lou bon Due tout-pussant ai fâ lou cie, lai tarre ; tout ce que nous voyans, lai mâ et las poissons ; ce brillant iuminare que régle noues saisons et lai lenne qu'èklare noues monts.

Aiprés cequi, i fit las vaiches et peu las chièvres ; las ânes, mas offants, las bues et las chevaux ; perdrix, bégaisses et lièvres, poulets, dindons, lèpreaux, dont on fâ bounne chière... as houteaux.

— Dites-nous, s'i vous plât, las puces et las penasses ; las pouilles *(poux)* et las souris, Due las ai-t-u borgies ? Nous serins èta ases, s'on n'y aivat pas songie. On dourmirait ai son ase,... sans lie *(eux)*.

— Coise-te, baibilla ! t'airai de mâs pincettes, se mâsheu *(dèsormaix)* t'interromps l'histoire qu'i contais. T'é ne langue indiscrète, et quand i vous palais, faut-u que te caquettes... pa lai *(par là)* ?

Que répliquer à l'argument des pincettes ? Rien. C'est ce que font les enfants, en laissant le vieillard continuer son récit de la chûte d'Adam et de la condamnation d'Ève à la vie la plus rude, ainsi que ses descendantes.

Voiqui pouquoi l'ant soin de noues poueres mainnaiges ; que le fesant las lés, rècurant, pretissant ; las buyets *(lessives)*, las poutaiges, nettoyant, remessant *(balayent)*, et, quand le sont bin saiges... filant.

La quenouille ! Voilà le sceptre traditionnel de la véritable ménagère. Quant à la Vierge-Marie, ce n'était, dit le vieillard, ni une effrontée ni une coquette comme on en voit tant qui vont levant le nez. Elle ne portait ni falbalas, ni volants, ni encore moins des *engageantes*. Qu'était-ce donc que ces engageantes de nos grand'mères ? Le mot, à lui seul, vaut son pesant d'or. C'était, me dit-on, une rosette de rubans posée à l'échancrure, parfois très-hardie, du corsage.

Si l'homme oublie sa misère en buvant, la femme n'a pas encore cette ressource, du moins au point du recueil où nous voilà parvenus.

C'est cependant sur elle que toutes les graves responsabilités du ménage pèsent le plus lourdement, aussi, dans sa détresse, va-t-elle porter ses doléances à la Vierge-Marie. De femme à femme, on a plus de chances de se comprendre. Si son homme ne l'a point accompagnée, c'est qu'il est occupé ; mais il l'a chargée, dit-elle, de ses compliments. Notez que son homme ne lui a pas soufflé mot de tout cela. Au contraire, elle est venue en cachette, mais, en épouse de tact, elle ne veut pas se mettre d'emblée dans ses torts, en laissant suspecter quelque mésintelligence conjugale.

On ne se sairait empouchie de pleura, divine Mère, quand on pense ai lai misère, au pain que coûte si chie. Lou fred, lai noige et lai glaice di maudit hiva passa, nous ant mis ai lai besaiche (*besace*) ; lou cœu me fend d'y pensa.

I fit dans nouete pays ne si vioulente freidure, que las vieillards, chouse sûre, en étint tout ébahis. Lai bise état bin si fouete que tout geolat dans l'houteau. I coulai (*je collai*) fenétre et pouete. Prés d'in bon feu i geolo.

Lou saint jou que las troues Rois venèrent dans vouete étaule (mon cœu manque et mai pairole...); i faisait de si grands freds, pus nuisibles que lai garre ; veignes, abres, graines, tresies, et tous las bins de lai tarre, au mouement furant frisies (*anéantis*).

I n'y restait ran di tout qu'in poue devé lai montaigne. Lou pays bas, lai campaigne étint vendangies patout, sans quéques moncés de noige que lai bise aivat jeties pa canton, su das finaiges, que consarvait das tresies (*semis germés*).

Maugra lai rude saison, on état encouo en doute. Las pus fins n'y voyint goutte et se fondint en raisons. I disint : C'ère n'aiffare que nous n'airins jaima cru que las blas que sont dans tarre, dans l'hiva se sint padus.

Quand lou printemps fut venu, chaicun visita sai tarre. On airait dit que lai garre ou lou feu y aivint couru. Lai graine qu'in lobourie aivat sanna dans son champ, dans l'hiva s'état perie (*pourrie*). Due ! que ce temps ost maichant !

N'y aivat ran entérement (*absolument*). Parqui devai lai saint George, on se mit ai sanna l'orge, ai lai plaice di froument ; voces, pois, nantilles et faves, di tourquie, di sairaisin. As veignes, on boutait des raves pou teni lue de raisin.

Voici lou pus grous sargot (*revers*) : I faillait coupa las veignes ; aiūn que lou bôs (*bois*) reveigne ; même ctéqui de Raigot (*canton de vigne*). Quand las vendanges venèrent, au lue d'avoi di bon

jus, aipoune, en quaitre poléres (rangs de ceps), gliannèrent-
nous doux varjus.

Las abres sont tout gâtas, excepta las celisies (cerisiers); mais
pour les poueres noyies, i las faurait mettre ai bas. On sicrait
las troncs, las branches. Saint Joueset, qu'ost menusie, en ferait
fare das planches pour traivaillie di metie.

On voyait en in moument lai chiereta su lai tarre. On aiva,
aivoue lai garre, lai rareta di froument. Ran ne vena dansnoues
haulles (halles); où n'y venda point de grain. Las fannes deve-
nint fouêles de vouo lieu houteau sans pain.

Bon Due! que pendant ct'hiva, on eut de maux et de poune!
Combin de fois mon pouere hommme s'ost-u couchie sans soupa!
Faillait vivre de mainnaige (épargne); vendre cuivre, étain,
lançues (draps de lit) peu fare in poue de poutaige, et las pouta
pa las rues.

Nouete petegnot Liaudot (petit Claude) qu'ai n'an aivoue troues
semaines, crie lou pu ai lai faimenne, et mainge plein in poutot
(pot) de gaudes que sont sans beurre, démôlas aivoue de l'iau,
que tous les jous nous fans queure, aivoue tant soit pou de sau
(sel).

Daime, i n'a que quaitre offaints, dont doux ollint ai l'écoule;
main, n'ayant pas enne obole pou payie in demé-an qu'i devint
chue lieute mâtre.., on las ai bouta de fouo (dehors). On les ai
envies au plâtre. Cequi me cause lai mouô.

Quand vint l'heure di dinâ, i bôlant (ils braillent) qu'on n'entend goutte. I sont tous aipré mai coute (ma robe), pleurant et
fronçant lou naz. L'un dit : — Mère! de lai soupe! l'autre demande di pain : — I n'as aivu que ne croûte! I bramais de
male-faim!

Non! quand i voyais cequi i pestais dedans mon âme;
champais un grélot (sébille) de larmes. Bon Due! qué temps
ost-çouci? I me prend souvent envie de n.e jetie dedans l'iau;
do me pâdre et me noyie, pou bouta fin ai mon mau...

Si la cause de la bonne femme est lamentable,
avouons qu'elle ne pouvait être mieux plaidée, aussi
la Sainte-Vierge s'empresse-t-elle de répondre, non
plus en patois, mais en français.

Votre état est bien malheureux. Que je vous plains, pauvre
femme! Mais ne perdez pas votre âme. Le temps sera plus heu-
reux. Prenez tout en patience. Je vais prier mon cher fils qu'il
ramène l'abondance et vous mette en paradis. Considérez qu'il
est aussi pauvre que vous, et vous endurerez vos peines avec plus
de patience.

Et il n'en faut pas davantage à la brave vigne-
ronne pour oublier son homme qui se couche sans
souper, ses enfants qui brâment de male-faim, et
pour ne plus s'appitoyer que sur le triste état de la
cabane de Bethléem.

Au milieu de ces drôleries apparentes, nous venons de rencontrer une première page navrante et pathétique; ce ne sera pas la dernière.

Les anciens *mystères* écrits complètement en latin, à l'époque où on les jouait dans l'intérieur des églises, *s'entrelardèrent* peu à peu de tirades en français quand ils quittèrent le sanctuaire pour s'établir devant la porte. Gauthier, lui aussi, entrelarde de latin quelques-uns de ses Noëls, je ne sais pourquoi, car je ne vois trop ce qu'en peuvent faire ses vignerons; je comprends mieux la déférence en vertu de laquelle il réserve la langue française pour la sainte famille, les anges, etc. Cette alternance est en soi, assez gracieuse par moment, nous le reconnaissons, mais en ajoutant bien vite qu'une fois sorti de son patois, l'auteur n'est plus qu'un assez pauvre rimailleur.

Après la pluie le beau temps. Après la famine qu'il survienne une bonne année, et le vigneron se redresse, sans plus penser à son ancienne misère. Sa femme court au moulin de Taragnoz (faubourg de B.) faire de la farine pour les gâteaux de Noël. Adieu le pain d'avoine et de maïs, bon maintenant pour le bétail, et vivent le pain de froment, le vin de sarment, les tartres, les beignets et les *crâpés!* Jacquemard lui-même, ce brave homme de bois qui, de temps immémorial, sonne les heures au beffroi de la tour de Ste-Madeleine, Jacquemard lui-même carillonne la messe de minuit d'un ton plus goguenard, en narguant les dévotes qui le regarde habituellement d'un air sainte-n'y-touche, quand elles passent devant lui dans la rue. Que les coquettes deviennent plus sages, et il leur promet qu'on les mariera dans l'année. Quant à ces dormeuses qui ne viennent à l'église que pour y ronfler; quant à ces godelureaux qui ne font qu'y bavarder, ils peuvent rester chez eux. Din, don, digue din don! Allons, braves gens, venez donc! Au retour des matines, vous ferez le réveillon tout à votre aise! — On ne pourrait être plus engageant.

Moins accablée par la misère, la femme relègue bien vite aussi sa soumission passive d'autrefois. La voisine a beau lui soutenir que

— Las mairis sont toujou mâtres. Nous devans subi lieu loi ; que s'i sont aicairiâtres quand l'ant bu pus qu'i n'ant soi (soif) ; i nous faut bassie lai lance ; ne répondre qu'ai proupos. S'on fa quéque résistance, i nous èchonant de côs (coups).

Elle répond lestement :

— Mon mairi ost bin lou mâtre, pourvu que l'eusse raison ; mais s'i fa quéque désastre dans nouete pouere môson, pa lai machi (par la merci) de mai vie! nous sons doux (deux)? il li faisais ne té (une telle) vie, qu'i faut bin qu'y file doux...

— Vous ne fâtes ran que vaille. Loi fanne doit obéi, et i faut que le travaille ai plaire ai son mairi. Que de côs de tobourelle, pa qui vous vous aitiriz ! Vous craites fare marveille, et vous vous fâtes raillie.

Nous voici aux coups de tabouret. Je disais bien que nous n'en resterions pas aux coups de poings et à la bastonnade. Ces violences intestines font assez entrevoir les angoisses de la vie populaire alors que le peuple payait seul les impôts de toute nature, dont la cour, la noblesse et le clergé faisaient si tranquillement litière. Ces révélations de Gauthier sont d'autant plus graves, qu'il n'y met pas de malice, ainsi que le prouve, un peu plus loin, son aplomb à réclamer qu'on fasse mourir sur l'échafaud les sorciers qui *pourraient bien* avoir causé la terrible grêle du 3 juillet 1712.

Le moment n'était pas encore venu des réflexions dangereuses ; aussi, une fois lancé dans une série de jours meilleurs, ne chante-t-on plus que des Noëls sautillants comme celui-ci :

Ture-lu tu tu! pata pata pon ! Chantans in Noué pou ce bé poupon qu'ai mèneu vint naître su tarre, pou nous tous sauva, nous raicheta, tirie das fâs. Ture-lu tu tu ! patà pata pon ! Chantans in Noué pou ce bé poupon !

Guillot, prends vite ton hautbois. Chante, Margouton, t'ais ne belle voix. Prentes gâde ai lai mesure. Pata pata pon ! voiqui qu'ost bon. Prentes lou ton. Guillot, prends vite ton hautbois ; chante, Margouton, t'ais ne belle voix.

Aifin de nous bin aiccoudâ, i veux, mas offants, vous tout raiccoudâ (répéter). I vais vous notâ lai musique, eoumme on m'ai appris, et chaicun dit qu'i a de l'esprit. Aifin de nous bin aiccoudâ, etc.

La, la, sol, la, si, si, la ; si, ut, ré, mi, ut, ré, mi, fa, mi, ré. Prentes gâde ai toutes ças notes. Le formant lou ton de ne chanson qu'on dit en rond. En l'houreu de ce bé poupon, chantans in Noué su ce jouli ton.

4

Ton vioulon fâ grincie las dents. Graisse in poue l'archet. Lai
couede s'étend. Te déranges nouete musique. Qu l'écouterait
s'en mouquerait, s'en gausserait. Ton vioulon fâ grincie las
dents, etc.

Recoummenciz, ce qui n'ost pas bé. Roubin pou in fa vint de
juere in ré. On nous panrait pou lai musique de Saint-Innoucent.
Las paysans s'en mouquerant. Recoummenciz, etc.

Ollaz in poue pus doucement. Flouete, Pheleba (*Philibert*),
vous n'y ententes ran. Voues tétes pus dûres qu'enclumes ne dis-
tinguant pas in sol, in fa, in si, in la. Ollaz in poue pus doucement, etc.

Due soit béni ! voiqui que vai bin. Si n'aïvoue gronda, jaima
n'y étins. On te prie, Margouton, coummence. Chante lentement.
Seus (*suis*) seulement las instruments. Due soit béni, etc.

Couraige, Margouton, mai mie. En entrant chue nous t'airai
ne retie (*tartine*). On entendrait voula ne mouche. Ecoute l'ânon
que prend lou ton : Hin ! han ! han ! hon ! Couraige, Margouton,
mai mie, etc.

Vertu choux ! que nous ans bin fâ ! En nous entendant, tout
chaicun risa. Sans lai presence di Messie, nous seunes aissuries
que las bargies airint dansie. Vertu choux ! que nous ans bin
fâ ! etc.

Golenot est trop content de lui-même pour ne pas,
à l'occasion, devenir un peu courtisan ; aussi, viennent l'enterrement de l'archevêque, Monseigneur de
Grammont, ou les réjouissances officielles à propos
de la guérison du roi, et le voilà qui s'échine en gé-
nuflexions, uniquement pour faire preuve de bel esprit. Seulement, sa verve ordinaire se montrant ici
rétive, il recourt à une réthorique frelatée pour se
plaindre des cruautés *de la parque* qui vient de trancher les jours de l'archevêque. Quand on s'est *amusé*
à réclamer l'échafaud contre des sorciers hypothéti-
ques, il est tout simple qu'on s'extasie devant les
fontaines de vin que, dans ses jours de liesse, la
royauté servait en pâture à la canaille. Ce pauvre
Golenot, combien il fait meilleure figure, attablé chez
lui avec son voisin, devant une bouteille obtenue par
lui à coups de pioche de sa propre vigne, ou racon-
tant la chûte de Lucifer avec l'entrain soutenu du
Noël que voici :

— Quoiqu'on sente las malheus de lai soicheresse, lai naissance di saureu bannit lai tristesse. I vint nous tirie das fâs di
trêtre de Lucifa... Tra la ! la ! la ! la ! nous rend l'aillégresse.

Quand i n'airoue point de pain dans nouete monnaige, ne

fairenne ne levain, ne boue (bois), ne poutaige, Jésus vint me consola. Nous ne serans pas damnas... Tra la la ! la ! la ! Satan en enraige.

— Aimi, te me conte qui ne bounne nouvelle. On me l'aivat déjet dit dedans nouete velle. Raiconte-me in poue lou cas. Coumme cequi s'ost-u fà ? Tra la ! la ! 'ai de lai çarvelle.

— Ecoute donc mon Noué. L'histoire ost nouvelle. L'ost long ma l'ost tout nouvé. Elle ost das puȝ belles. Fàs di feu pou nous chauffa. Ctu qu'o fred ne peut chanta... Tra la la ! ȝouche lai chandelle.

Quand lou bon Due eut tout fa, lou cie et las terre·, et qu'au premie l'eut planta doux grands luminares ; ·   · tes dans lai mâ, pa las champs et pa las pras... Tra   .·ȝ ·us ran ai fare.

Voyant que tout état bon, i créait las ⁄ ·   ·· ȝbȝ· · et Séraphins, Trònes et peu Archanges, qu'· ȝ · · · ·ən ȝidoura, l'hounora, le respecta. Tra la la ! Chanta sas lou·· ˎ·ȝ·

Lou maulerie (maudit) Lucifa, qu'état in bé Ange ˎivant de chére en enfa, son baitaillon range, pou las fare souleȝ ·· contre Due, peu li disa : Tra la la ! i faut qu'i me vengo !

D'aiboue, i las hairanguait, disant : — Caimarades ! grinçant das dents i faisait cent rodomontades. I nous faut lai-haut monta. On nous ai mis ci troue bas... Tra la la ! Qué fanfarounades !

Laissiz-me in poue conta l'ouedre de baitaille, que ças trètres aivint fourma. I faut qu'on s'en raille. I semblint, tous ças damnas, ai das rac·ȝ cheminas. Tra la la ! ai de lai canaille.

Lucifa état devaȝȝ, ne marmite en téte, que faisat bin lou maugrant, cte vilaine béte, dans sai main drete tenat ne veille fourche de fa. Tra la la ! faisat lai tempéte.

D'autres petes dialoutins rangie en baitaille, ce bé général suivint; toute cte canaille, voyant qu'i n'y ère pas gras, en tremblottant s'aivançat, tra la la ! devé lai muraille.

Bélial que n'ost qu'in sot, aivat l'aule drète Lou fanfaron d'Astarot menat lai sènestre (gauche). Asmodée lou centre aivat, que faisat tout de traiva, tra la la ! et n'ousat paraître.

De ne téte de bouquin, ce drouele se masque, dont las doux couenes sarvint de haumo ai son caisque. Lai barbe de lie pendat, dessus laiqué i baivaȝ, tra la la ! lou rendint bin brave.

L'équipaige d'Astarot fraippat dans lai vue ; l'aivat pou caisque in poutot (pot), monta su ne true (truie). Pa tous las rangs, i courat, criant coumme in poosséda : Tra la la ! tue ! tue ! tue !

N'oublians pas Bélial monta dessus n'âne, das brenicles (lunettes) su sou nâz, poutant ne lantâne, haibillie en loup gairou, su son dos ne pé de loup. Tra la la! que semblat n'infâme !

L'aivint pou lieu tambourin das veilles rèchottes (paniers d'écorce) et sounint lou toquecin dessus das caissottes. I counint aivoue das couȝ (cors), dont on crie : · · Jetiz las pouȝ (porcs). Tra la la ! ças poueres paignottes (chétifs) !

Lou bon Due que couïnnait tout, dit ai saint Mechie (Michel) :

—Voites-vous bin ce hibou que veut se jouchie su mon trône, s'i pouvat? Ç'ost bin pou son vilain naz. Tra la la! I faut l'ètrillie.

Prentes vite vouete épée toute flamboyante et baillie-li in sambé (coup) si bon qu'i s'en sente. Boutaz, aivoue Lucifa, ças mirmidons dans l'enfa. Tra la la! pou lieu récompense.

L'archange obéissant, d'aiboue se prépare; de son bouclie lusant, su lou champ se pare. Son bé caisque tout doura, coumme lou soulet (soleil) brillat; Tra la la! Dit: — Laissiz-me fare.

Quand vé lieu i s'aipprechait, tous ças vilains diales grondint coumme fa in chet (chat) que tint das tripailles; oubin, pou meux m'expliqua, quand on li froutte lou naz, Tra la la! de fouete moutade.

S'aidrossant ai Lucifa, li dit:—Peute bête, pa ton orgueil, t'ai donc fa in coue de tai tête, disant: — Similis ero, sans doute, altissimo, Tra la la! Qué plaisant prouphéte!

Lucifa, qu'état plus fie (fier) que lou roi de Tunes, crayat baittre saint Mechie, panre as dents lai lenne. I venat pou lou griffa. L'archange li ai raimena (lui a tapé dessus). Tra la la! Lai maule aivanture!

Du premie coue qu'i beillait su ce vilain diale, sous sas pies i lou couchait. Coumme n'âne, i braille. Tipe! tope! t'en airai! Maudit, te décamperai. Tra la la! Aivoue tai caibaie.

Pou vous autres fanfarons, que fâtes las droneles; vous êtes das mirmidons et das têtes foueles. Vous iriz tous en enfa; Astarot et Bélia. Tra la la! Dessus mai pairoule.

Et toi, vilain Asmodéo, que n'és que n'infâme, démon de l'impureté, vais-t'en dans las flammes. Te serai, dedans l'enfa, compaignon de Lucifa. Tra la la! Te pads bin das âmes.

Enfin, i touchait si foue su ças peutes bêtes qu'i lieu meurtrissat las coues (corps), cassat brais et têtes. De chaique coue, l'en mettat pus de très douzaines ai bas. Tra la la! Pou ças gueux, qué féte!

Imaginaz-vous de vouo chére (choir) tant de noige, qu'on ne mettrait pas in pouo (porc) dehone di vellaige. Pus dru l'ollint en enfa, paule-maule, c'ost bin fa! Tra la la! tous remplis de raige.

Las voiqui donc enfarmas; nous n'ans rans ai crainre. Saint Mechie las ai gremas (rossés) et las ai su vaincre. Astarot ne Lucifa, Asmodée ne Bélia, Tra la la, ne nous sairint joinre.

Défiaz-vous en toujou. L'ant de lai malice, quoiqu'i sayint, neu et jou, dans lou précipice. L'histoire qu'i vous conta, qu'ost lai pure vérita, fairait; Tra la la! vouo lieu artifice.

Voilà un tableau digne de Callot, le peintre de la célèbre tentation de saint Antoine, et presque littéralement pareil à celui du poëte Sailer, dont j'ai parlé plus haut. Cette conformité d'humeur et d'inspiration n'est-elle pas singulière? Une fois lancé, Gauthier s'empresse de mettre le diable aux prises avec le couple de l'Eden:

Pa lai parmission di Cie, ce maudit Çarbère, s'èchaippait pa
lou larmier (*soupirail de cave*) ou lai chaitenère (*chatière*). Dans
Eden s'en ost olla, où daime Eve demourat, Tra la la ! pouta lai
misère.

I li disait tout d'aibouo : — Bonjou, demoiselle ; i seu ravi
de vous vouo. Vous étes bin belle.—Vouete mairi n'y ost-u pas ?
Pourrait-on pas li pala ? Tra la la ! I li beillat belle !

— Ne vous mouquaz pas de moi, monsieu lou vipère. Mon
créateu et mon roi, mon Due et mon pére, de sai proupre main
m'ai fâ, et m'ai proumis qu'i serras... Tra la la ! das humains lai
mère.

— Vous étes, se li dit-u, bin lougie, daime Eve. Voues abres
chargies de fruts, de fleus, sont en sève. Ou ne sent point ici de
vent. Toujou règne lou printemps. Tra la la ! Lai maline béto.

Eve que ne counaissat pas lou précipice, et que ce sarpent état
rempli de malice, répondait :—Vous dites vra ; nous n'ans point
ici d'hiva, Tra la la ! Ai vouete sarvice !

Mon oncliot qu'aivat cent ans, me contat n'histoire et me disat:
—Mon offant, mets dans tai mémoire : — Fanne que veut écoutâ,
velle que veut compouesa, Tra la la ! on lieu en fa craire.

Adam venait promptement. Lou sarpent s'aivance, li faisait
son compliment et ne réverence, disant : — Bonjou, veil aimi.
Vous peutes en co pairaidis, Tra la la ! bin fare bouebance.

Coumme aippelle-t-on ce frut ? I en a bin envie. Adam dit :
— L'ost dèfendu ; ç'ost lou frut de vie. Due ai dit : — N'y
touchiz pas, ou bin vous scriz damnas, Tra la la ! et bannis di cie.

Lou trètre li dit d'aibouo :—Ç'ost poutant doummaige Adam,
i vous fat bé vouo. Prantez-en, couraige ! Maingie, ne lou
craite pas. Dessus l'abre i vais monta. Tra la la ! Ç'ost voute
aivantaige.

Ai daime Eve l'en beillait. L'ère in pou friande. Dans lai
poumme le moudait, ete pouere innoucente ! En beillait au père
Adam qu'y plantait d'aibouo las dents.. Tra la la ! Maudite pidance !

Quand lou diale eut fa son coue, d'aibouo i dèniche. Adam
qu'aivat bin grandoue (*chagrin*) tout nu, sans chemise, dit : —
Mai fanne, qu'ans-nous fa ? Nous ans mérita l'enfa, Tra la la! pas
nouete sottise.

I se vant tous doux caichie, évitant lai vue di grand souverain
di cie, lieu seigneu, lieu Due, que tous doux las aippelat, main i
ne s'ousin montra, Tra la la ! aipré cte bévue.

Loin de demandâ padon, d'aivoua lieu faute, disint de poueres
raisons, s'aiccusint l'un l'autre : — Ç'ost mai fanne, dit Adam.
Eve dit : — Ç'ost lou sarpent qu'en ost seul lai cause.

Ollaz-vous-en laiboura, lieu dit Due, lai tarre ; ca, vous ne
méritaz pas d'étre en ce patarre. Adam, te traivaillerai. Eve, te
l'oubéirai. T'airai prou ai fare !

A partir de ce moment, Golenot use et abuse du
droit de répéter indéfiniment ce que nous con-

naissons maintenant par le menu. Il pérore avec des étrangers allemands ou gascons qu'il rencontre à la crèche, puis il fait jabot au souvenir de la chasse donnée, le 21 juin 1575, par les vignerons bisontins aux hérétiques, et prend sur lui de garantir au petit Jésus que ceux ci ne prendront jamais pied à Besançon. Malgré cette garantie, les Israélites et les protestants se comptent aujourd'hui par milliers dans la vieille ville *espagnole*, ce qui prouve une fois de plus à Golenot qu'on n'est jamais bon prophète dans son pays.

C'est, on se le rappelle, de cette chasse aux hérétiques que date le surnom de *bousse-bots* (ou pousse-bots, c'est-à-dire : chasse-crapauds) que portent encore aujourd'hui les vignerons bisontins.

Quand les hommes sont à la baisse, c'est aux femmes à reprendre le haut du pavé, et nos vigneronnes n'ont garde d'y manquer. Seulement, au lieu de perdre leur temps à maugréer contre les hérétiques, c'est à l'adresse des bourreaux du roi Hérodes qu'elles exhalent toutes leurs indignations : — Mais, où étaient donc les pères de tous ces pauvres petits, qu'ils n'étaient là pour les défendre ? N'est-ce pas là le cri d'une véritable mère ?— Que sais-je ? répond la voisine. Ils étaient peut-être en campagne. L'histoire ne dit pas ce qu'ils étaient devenus.

— Jarnie ! se ne té aiffare (Due nous en gado !) airrivat, i fairoue di tintammarre, quand on me devrait crevâ. I airoue pris un de cas trêtres pa lai barbe ou son cheveu, et li airoue bouta lai tête, tout au bé moitan di feu.

— Pou moi qui scu aissaz fouete, me saisissant d'in tison, en barricadant mai pouete, enfarma dans mai môson, i airoue dit : — Couquin ! Aivance ! I te brelera lou grouin, ou te crèvera lai panse, de l'hâte (*la broche*) qu'ost ai ce coin.

I me sairoue défendue contre ce vilain meurtrie. D'in coue d'haiche, i airoue fendu lai tête au bé premie. Ne chauderie d'iau bouillante, i airoue jetle su son couo, et seroue èta contente de l'èchauda coumme in pouo (*porc.*)

A la bonne heure ! Voilà ce qui s'appelle parler. Ce n'est certes pas là le langage d'une poule mouillée. Et notez bien qu'à l'occasion, tout se fût passé comme on le dit là. A ces énergiques frémissements d'entrailles plébéiennes, ne reconnaissez-vous pas les mères et grand'mères des géants de 1792 ?

Golenot, devenu ganache, se dégoûte de son métier de vigneron, et regrette que son père ne lui ait pas fait apprendre celui de cordonnier. Il va nous exposer lui-même ses motifs. On ne saurait proclamer plus bêtement sa propre déchéance. Adieu la culotte, mon ami Golenot, mais nous verrons aussi comme sa femme, qui a de la tête et du cœur pour deux, va le tortiller.

— Golenot, qu'ost-ce que vous êtes ? vous paraîtes tout chaigrin, et vous vous graittaz lai tête. Ne vous poutaz-vous pas bin ? Ollaz trouva vouete compare, boîte ne pinte aivoue lu. Vous paleriz de lai garre du genereux Lustucru.

— Fanne, te ne te chaux (*inquiètes*) gare, qué bout olle lou premie. I me mouquais bin das garres; ça, il ne seu pas guerrie. Ce n'ost pas ce que m'aiffilige et que cause mon dépé. In malheu plus grand m'oublige de m'olla mettre en mon lé.

— Vous êtes bin moins qu'in lievre et de carvelle et d'èsprit. Vous panriz ne bounno fievre. Vous vous feriz ai meri (*mourir*). Que se vous chéte molaide, faurait pou vous soulaigie, mettre en vente lou mainnège, pou las médecins payie.

— I vouroue déjet, mai fanne, être moue et entarra. Lou chaigrin me tint dans l'âme. I ne sairoue espira, quand i songeais ai lai poune qu'i faurait que nous souffrins jusqu'ai lai prouchaine autounne. Que faut-u que nous baffrins ?

— On dirait, ai vous entenro, que vous n'ête point de pain, et qu'i n'y est, dans voute chambre, ne fairenne, ne levain. Nous ans de quoi pou en fare. Lou bon Due nous aderait. Traivaillans toujou lai tarre; i nous récompenserait.

— I n'a pas trou bon couraige de m'en olla traivaillie, ne de fare mon ouvraige. Toute l'anna dèplainchie (*labourer*), fouessera, loyie, teillie. Se leva di grand maitin. Usa hâdes (*hardes*), utis, soulies.., aipré ce qui point de vin !

— Vous êtes n'ôpiniâtre, et vous ne regadaz pas que lou bon Due qu'ost lou mâtre, Golenot, ne lou veut pas. Peut-être c'ost noues ouffenses qu'aittirant tous ças malheus. On ai trou fa bouebance. I nous punit, l'ost bien sieu (*c'est bien sûr*).

— Plaise ai Due que feu mon père ne m'eusse fa saivetie. Exempt de voue lai misère, i vivroue de mon metie. I planteroue mai boutiole dans lou quare (*coin*) de ne rue, et floueteroue (*sifflerais*) in senicle (*un serin*), n'aigaisse (*une pie*) ou chaudenerue (*chardonneret*).

I ne faut pas tant d'aiffare. Ç'ost le moillou das metie. On ne graitte pas lai tarre. I ne faut qu'in tire-pied, que das pinces, quéque oleines, n'oue (*un os*) de bu (*de bœuf*), quéque tranchets, de soies ne bouetotte pleine, ne pierre, in pete baquet.

Tous las jous de lai semaine, vous recoîtes de l'argent ; voues mains en sont toujous pleines. Vous palaz aivoue las gens. Vous aipprente las nouvelles ; las chambeières (*servantes*), en lai rue, vous en disant das pus belles, et payant bin voute cue (*cuir*).

— Golenot, vous ferins rire ceux que n'en ant pas envie. On crairait, ai voute dire, que ç'ost qui in bon metie. Lou cue lieu coûte bin chie, et i ne l'ant pas pou ran. L'ant prou de maux, dans lai vie, et sont poueres bin souvent.

I vais vous cita n'exemple que vous consoulerait bin. Que tout chaicun lou contemple. Golenot n'ai point de vin, main i n'ost pas dans n'étaule (*étable*), ne couchie dessus di foin. Jésus, vé n'âne que baule, ost rédut dans ce besoin.

Se vous n'étos (*n'avez*) pas pou fare tout ce que vous vourins bir, lou frounment qu'ost bounne aiffare, n'ost pas chie, et pou le vin, on n'en boirait que les fétes; main on airait di bon pain. Laissiz calma las tempétes ; Jésus y mettrait lai main.

Vous sentites lai misére ? Main se vous étins sans pain, coumme Jésus et sai mère, sans fairenne, sans levain ; étendu dessus lai peille, sans couvature, sans toit ; que su vous chéso (*tombe*) lai noige... Résisterins-vous au fred ?

Se vous étins sans fairenne pou fare in poue de peipet (*bouillie*), que vous n'eussins point de graine, ne ran pou mettre ai lai met (*pétrin*); que nous fussins sans kiairance (*lumière*), sans feu, sans boue (*bois*), sans charbon ; sans aimis, sans aissistance, coumme Jésus qu'ost si bon.

Se, moi qui seu vouete fanne, étant prolte d'aiccouchie, nous ne pouvins trouva n'âme que veuille nous hébargie; qu'i faille dedans n'écurie, olla mettre nouete offant? Jésus, Jouset et Mairie s'y sont vus réduts, poutant !

Se quéqu'un dans sas miséres et dans sas aiffiictions, regade ceux que sont péres (*plus mal*), l'ai das consolations. Regadans donc, mon pouere houmme, lou pete offant Jésus; vous et moi nous varrans (*verrons*) coumme, nous sons pu heuroux que lu.

Voilà de l'éloquence vraie, adroite, pressante et pathétique. Que Golenot baisse pavillon et mette les pouces, cela devient tout simple.

Malgré le privilége du tutoyement que lui laisse sa femme, ne sent-il pas combien celle-ci s'élève, à mesure qu'il s'applatit? Autrefois, elle lui reprochait de trop boire, et maintenant voilà qu'elle l'y excite elle-même, comme s'il n'était plus bon qu'à cela. Peut-on faire preuve d'une tolérance plus railleuse? et comment pourrait-on s'en étonner, quand Golenot avoue que ce qui le charme le plus dans la profession de savetier, c'est la facilité de bavarder avec les femmes de chambre du quartier? Dès que le mari devient femme, la femme n'est-elle pas obligée de devenir carrément le maître du logis?

Une fois nantie sans conteste du souverain pou-

voir, madame, il est vrai, fait comme tous les sou-
verains ; elle entend ne frayer plus qu'avec ses
pareilles, et plante là son idiot de mari, pour aller go-
belotter avec la voisine.

Nous voilà bien loin des coups de poing et de
tabouret. A chacun son tour. Une intronisation,
d'ailleurs, demande à être arrosée de quelques liba-
tions. Vous allez voir comment nous nous en acquit-
terons dans le tête à tête :

— Voici lou temps de Noué, mai coummare, mai mie, éte-
vous fa di touté (*gâteau*) pou passa lai voillie. De nouete vin de
Raigot (*canton de vigne*), i aippoutais in bareille (*baril*) ; goutans
vouo se l'ost douçot ; tonte vite n'èquelle (*une écuelle*).

— L'ost pus douçot que di mie (*miel*) coummare, mai mignounne.
Ah ! que n'ayé lou gouzie, grand coumme necigougne ! Ah! mon
Due ! lou bon sirop ! C'ost de lai misscoulance (*nectar*) ! Que Due
te bénisse, Raigot, te beille bounne chance.

— Quand nous airans bu doux coups, i vous dira n'histoire. I
l'aippregnais l'autre jou ; il l'a dans lai mémoire. Fate grillie di
pain, ne fairans das riblettes. L'èquelle ost pleine de vin. Prante-
lai et peu boite (*buvez*) !

— Charchie vouo dans ce beffot, l'y est n'aissiete de tarre,
oubin su lou méterot (*bahut*); excusaz, mai coummare. L'y ai in
grand bout de boudin, aivoue das cairbounnades. En bevant
vouete bon vin, nous fairans das grillades.

— Pendant que ce qui grillerait, i vais donc coummencie.
Beillie-me ai boire, ca i crais qu'i a lai gorge ègrâlie. Prente vouo
ce goubelot; vous feriz ne trempotte, et se cequi vous fa mau,
dites qu'i seu ne sotte.

Noute premie pére Adam, et daime Eve, sai fanne, étint dans
in lue charmant, bin pus bé que Chaudanne (*montagne de Besançon*). Et lou bon Due lieu disait : — Voilai lou fruit de vie,
main i vous lou dèffendais ; gadaz-vous d'y touchie.

Main lou mauleri (*maudit*) sarpent qu'ost l'ennemi de l'houmme,
las pregnait pou das Normands, lieu présentait ne poumme : —
Beille-z-en ai ton mairi, disait-u ai daime Eve. Vous êtes las
mâtres ci. Ah! lai maudite béte !

Et quand l'en eurent maingie, par lieute gourmandise; ne saivint où se caichie. L'étint nus, sans chemise. I pregnèrent pou
se couvri das feuilles di figuie, et dans in coin di pairaidis, i
s'ollérant aijouchie.

Main quand lou bon Due las vit, maudissait lou vipère. Las
chaissait di pairaidis ; Due lai grand misère ! — Adam, te traivaillerai. Ç'ost pou gagnie tai vie. Eve, te li oubéirai.— Bevans,
i a lai pépie.

— L'y vint d'arriva in malheu, mai coummare, mai mie.
Pendant qu'i attisoue lou feu ; i en seu toute èbaubie (*èbahie*).
Vouete groue moina de chait qu'ai renvachat l'èquelle. Lou voite-
vous bin ? Lou voilai que se graitte l'oureille.

— Lou boudin ost-u reti? Lai toble ost-elle notte? Nous n'ans pas besoin ici de naippe ne sarviotte. Las fannes vaillant de l'ouo (*de l'or*) pou boire lai gouttotte. Le ne fent pas si grand mau d'en panre ne larmotte.

— Coummare, ai voute santa! I ne sairoue pu boire. Veute-vous bin raiconta lou reste de l'histoire; ça, quand i vous entendais, mon pouere cœu fretille coumme ne tranche qu'on met reti dessus lai grille.

— I airà bintoue fini. Due venait su lai tarre. Las prouphétes l'aivint dit; i saivint bin l'aiffare. En Béthléem, pouere lue, venait lou roi de gloire, au moitan de n'âne et d'in bue... Voilai toute l'histoire.

Ce tableau n'est-il pas net et complet? Depuis des années ce dernier Noël bourdonnait dans ma tête, quand un jour, à l'improviste, il prit, sous ma plume, la forme à peine modifiée de la chanson *des deux commères*. A chacun le sien.

On ne se méprendra pas, je l'espère, sur le sens à attribuer à la manière dont je viens d'examiner, comme à vol d'oiseau, les Noëls bisontins. La progression et l'engrenage que j'ai cherché à établir dans la série des morceaux ici reproduits, pourraient s'établir de même sur plusieurs autres séries analogues non moins intéressantes. Nous n'avons ici que l'embarras du choix. Cette abondance est à la fois la principale ressource et le principal inconvénient de ce gros recueil, dont la lecture suivie est rendue très-difficile, il faut le dire, par la persistance avec laquelle les mêmes images se répètent trop souvent d'une page à l'autre. C'est à leurs qualités intrinsèques de haut titre que ces Noëls doivent leur immense vogue populaire, mais c'est peut-être bien aussi à la difficulté de s'orienter dans ce fouillis, qu'il faut attribuer la négligence dont, jusqu'à ce jour, ils ont été, je crois, l'objet de la part de la critique littéraire.

Je ne m'explique pas autrement cet oubli, dans notre province, où l'on ne se fait pas faute de compulser, critiquer et ergotter dans toutes les directions; à moins que cela ne tienne davantage à un certain mépris de ces peintures et de ce dialecte, ce qui ne prouverait pas en faveur de notre équité et de notre clairvoyance.

Comme tableau de notre véritable vie populaire, énergiquement frotté des teintes de notre terroir, où trouverions-nous rien de comparable? Les livres de MM. Nodier, Dusillet, Wey, Marmier, etc., peuvent avoir un mérite d'autre nature, dont je n'ai pas à m'occuper ici ; ce que j'affirme, c'est que pas un de ces messieurs n'est fondé à contester la supériorité de Gauthier, dans la spécialité qu'il s'est choisie. Dans un siècle et demi, nul ne peut dire ce que seront devenus les livres de ces messieurs, tandis qu'on peut prédire tranquillement que celui de Gauthier n'aura perdu ni sa vogue ni sa fraîcheur de coloris. Les détails qu'il a empruntés aux événements *de circonstance*, en leur attribuant sans doute une importance à part, ont seuls passé de mode, comme tout article de mode. Ceux, au contraire, puisés au fond de la nature humaine, restent immuables, comme les grandeurs et les travers de l'humanité.

Voilà comment se confectionne la vraie peinture *historique*. C'est le temps, le temps seul ! et non le parti-pris de l'artiste qui imprime aux œuvres nées viables cette consécration suprême, dont quelques-uns croient pouvoir s'emparer à l'improviste, à l'aide d'une érudition plus ou moins discutable.

Quant au dialecte, je n'admets pas non plus cette prévention *à priori*. A mes yeux, un dialecte est une langue aussi légitime que toute autre, et une langue quelconque ne vaut, pour moi, que ce que l'écrivain qui l'emploie la fait valoir.

Ce mépris pour ces productions réputées vulgaires, — contre partie obligée du culte béat que l'on professe pour la grande littérature, quand on tient à passer pour homme de goût,— je soupçonne un peu Gauthier, l'auteur des Noëls, de n'en pas avoir été non plus complétement exempt. Réduisons vite à ses justes proportions ce semblant de paradoxe.

Je me figure, au début, Gauthier essayant un Noël par pure imitation. Vaille que vaille, ce premier Noël est colporté et applaudi. Le poète encouragé se remet à l'œuvre, mais en continuant à sourire dans sa barbe de la bonhomie de son public naissant. Profondément lettré, comme Gauthier devait l'être, il ne

pouvait manquer d'apercevoir les longueurs, les che-
villes, les répétitions qui alourdissaient ses petits
morceaux, mais est-il sûr qu'il ne se répondait pas
à lui-même en pensant à ses lecteurs : — Bah! c'est
déjà trop bien pour eux. Je fais ceci pour m'amuser,
et non dans le ridicule espoir de prendre un rang
quelconque parmi les grands écrivains du siècle de
Louis XIV.

Cependant, à force de revenir à la charge, à force
de recevoir des compliments, le poète s'échauffe à
son insu. La richesse du fond l'emporte chez lui sur
les défectuosités de la doctrine. L'exaltation momen-
tanée arrive, et lui fait écrire de verve les pages remarquables auxquelles il est facile de reconnaître
qu'avec un parti pris de correction plus décidé,
Gauthier pouvait arriver, même en patois, à se faire
admettre partout sans conteste, comme un grand
écrivain populaire. Le terrain ainsi perdu au point
de vue de la perfection, il tâche de le regagner au
moyen de son abondance intarissable, faux calcul à
l'égard duquel bien d'autres que lui se sont illusion-
nés. J'insiste sur ces défectuosités, pour donner ainsi,
je l'espère, plus de poids à mes éloges.

La vogue conquise par ces Noëls dans notre province est plus étendue et plus profonde qu'on ne le
soupçonne peut-être. Ils ont servi de modèles à tout
ce qui s'est fait chez nous en ce genre. On doit en
avoir publié à Vesoul une contrefaçon pure et simple
en patois de la Haute-Saône. J'ai trouvé des lambeaux des vieilles éditions de Gauthier dans plusieurs
villages du Doubs et du Jura fort éloignés les uns les
autres. A mes demandes de chants populaires, plusieurs personnes ont répondu en m'exhibant de gros
manuscrits crasseux copiés dans le livre de Gauthier.
On m'a même récité, travesties en patois du Jura, et
en me les donnant comme jurassiennes, des strophes
que je reconnaissais aussitôt pour être réellement de
Gauthier.

Enfin comme dernier fleuron de popularité à la
gloire de Gauthier, j'ajouterai que son livre n'a jamais eu d'admirateur plus résolu que le peintre
Courbet, dans la famille de qui je rencontrai pour la

première fois ces Noëls, voilà quelques vingt-cinq ans.
Qui sait si ces chants patois, reflet si fidèle de la vie
populaire qui l'entourait à Ornans dès l'enfance, n'ont
pas été, au début pour Courbet, une vraie révélation ?
De ces Noëls à l'*Enterrement à Ornans*, la filière serait facile à tracer, n'en déplaise aux critiques irré-
fléchis qui, entre autres crimes, reprochent au réalisme de manquer, comme un bâtard, d'ancêtres et
de tradition.

IX. Le sermon de la Crèche.

En rééditant les Noëls de Gauthier, M. Th. Belamy
les a fait suivre d'un sermon en patois bisontin, sur
la pénitence, qui a été traduit en patois de la Haute-
Saône et imité en français par un jésuite du Jura.
Dans ce morceau, le burlesque s'amalgame si fort
avec la naïveté, qu'on ne peut guère le citer ici que
pour mémoire. Il est divisé en deux points : — Tant
mieux ! Tant pis ! et symétrique comme une harangue cicéronnienne. Son principal intérêt lui vient
d'étranges accouplements de mots, tels que : la sauce
à l'orange des grâces spirituelles, le ratafia de la misère, la carabine de la sensualité, le tampon de la
sobriété, les sucreries de la vertu, la casserole de la
pénitence, le canon des vengeances divines, le robinet
de la miséricorde, le cambouis du péché, l'alambic
de la tribulation, etc. Cette facétie est aussi connue
sous le nom de sermon de la crèche.

La crèche est une tradition chère aux bisontins.
Tous les hivers ils vont encore voir la nativité représentée sur un théâtre de marionnettes. A cette coutume locale se rattache l'illustration du père Barbizi.
Le père Barbizi est la personnification du vigneron
bisontin de vieille roche. Il en a le sans gêne, et ne
redoute pas les cancans. On s'est même vu, dit-on,
quelquefois obligé de le rappeler à l'ordre. Barbizi a
son costume traditionnel, le grand chapeau claque,
la cadenette, l'habit à la française, le gilet immense,
les culottes courtes, les bas bleus, les souliers à bou-
cles et la grande canne à la Louis XIV.

Le poëte souabe, Sébastien Sailer, dont je parlais

plus haut, à propos des Noëls, n'a pas dérogé non
plus à la mode alors générale, à ce qu'il paraît, dans
les pays catholiques, de faire des sermons grotesques,
mais les siens n'ont rien de fort remarquable. Avant
lui, l'Autriche avait déjà, en ce sens, fourni son contingent, dans la personne d'un prédicateur célèbre,
à Vienne, au 17e siècle, Abraham à Santa Clara. J'ai
parcouru, en Allemagne, un gros volume in-folio des
drôleries de celui-ci. Il ne m'en est resté que son
sermon de saint Antoine de Padoue, écrit en dialecte
autrichien, dont j'ai essayé la traduction suivante :

Saint Antoine trouvant un jour l'église vide,
S'en va vers la rivière et prêche les poissons ;
Et ceux-ci de dresser tous une oreille avide,
En s'agitant sur l'eau de toutes les façons.
   Les carpes pleines d'œufs arrivent à la hâte ;
Elles ouvrent la bouche et tachent d'écouter...
En frisson de plaisir bientôt leur joie éclate.
Jamais prédicateur ne se fit mieux goûter.
   Avec leur nez pointu, les brochets, gent vorace,
Pour entendre le saint viennent également ;
Dès l'exorde, sur eux semble mordre la grâce.
Jamais sermon ne plut si généralement.
   La bande fantastique et blême, les morues,
Saint gibier tout exprès pour le carême fait,
Des premières étaient au signal accourues.
Jamais sermon n'obtint un si magique effet !
   Les anguilles, qu'on voit sur les plus nobles tables,
Daignèrent y paraître, ainsi que les saumons ;
L'on trouva tous les mots du saint irréfutables,
Et son sermon, ma foi ! le plus beau des sermons.
   Les écrevisses même, ainsi que les tortues
Si traînardes parfois, accoururent pourtant
Aux graves questions par le saint débattues,
Et jamais sermon n'eut succès plus éclatant.
   Les poissons de tout rang, soit noblesse ou roture,
Les gros et les petits, chacun vint en dressant
La tête avec un air de docte créature :
Ainsi l'avait réglé l'ordre du Tout-Puissant.
   Mais le sermon fini. Chacun retourne au gîte :
Le brochet à gruger se remet bravement ;
L'anguille tout aussi lubriquement s'agite ;
La morue à maigrir ne songe nullement ;
   A reculons toujours marchent les écrevisses ;
La carpe en appétit n'est qu'un peu plus souvent.
Le sermon a fini ; chacun garde ses vices,
Et se retrouve après ce qu'il était avant.

X. Noëls divers.

Après le recueil si ample, si varié et si touffu des Noëls de Besançon, il ne nous reste plus qu'à glaner, à une distance considérable, dans ceux d'Arbois, de Salins, de Vuillafans et de Vanclans. Les Noëls d'Arbois publiés en 1802, sont au nombre de quatre, et ont pour auteur le citoyen Billot, ancien procureur. Encore un basochier ! D'après la préface, ils se chantaient déjà depuis 50 ans, quand on les publia. A en juger par sa brochure, Billot devait être d'humeur assez atrabilaire, bien qu'il se vante d'être de ces gens qui gagnent à être connus. De là le ton grognard de ses plaisanteries, malgré ses prétentions à l'esprit et à l'orthodoxie. Avec sa prestesse bonhomique, Gauthier escaladait les situations les plus délicates sans éclabousser personne. Billot lui, au contraire, plaisante à coups de poing, en s'imaginant répondre à toute critique par cette observation sommaire, que c'est pour le bon motif. L'importance d'Arbois tenant à son tribunal et à son vignoble, Billot met naturellement en scène les gens de justice et les vignerons.

Dans le premier de ses Noëls, nous voyons les dignitaires de la ville venir à la crèche pour y rendre hommage à l'enfant Jésus, mais un ange fait faction à la porte, et n'entre pas qui veut. Arrière les abbés coquets, les moines égrillards, les avocats et les procureurs. Sans doute, il est dit que Jésus mourra entre deux voleurs,... mais plus tard. Pour le moment, il peut encore, en fait de larrons, se passer d'avocat et de procureur. Une fois sorties pour aller à la crèche, les nonnes prennent gaillardement leur volée, et font la nique à leur cloître. L'ange reproche aux vignerons de compromettre la vieille réputation d'Arbois, en ne plantant que du gamai dans leurs vignes. Pour les jeunes filles, il déclare brutalement leur virginité suspecte. Billot, qui met toujours les points sur les i, raconte dans sa préface, qu'à Arbois, on achetait autrefois fort cher l'honneur de porter à la procession la bannière des Carmélites, et que plusieurs fois, celles qui avaient acheté cet honneur, ne tardèrent pas à prouver qu'elles n'avaient plus le droit d'y prétendre; aussi approuve-t-il fort l'inflexibilité de l'ange, tout en déclarant que s'il ne croit pas aux vierges en général, il fait cependant une exception pour chaque jeune fille en particulier. Le second Noël est un dialogue entre deux vignerons se rendant à la crèche. Le troisième raconte le déluge, Noé qui plante la vigne et qui se grise, la promesse d'un rédempteur, l'intervention de l'esprit saint, l'incarnation, la nativité. Le quatrième enfin raconte la vie de Jésus, de la naissance à la mort.

Voici au complet le premier Noël, avec l'orthographe que lui a donnée l'auteur :

De Jésu lo naissanço ossetoue qu'on-aipri, pou li fére revranço chaicun vite courri, mé pou ollé, dit-on, li randre sais-houmâge, en-Eng'-aitai an faction, et n'an bailliai lo parmission qu'ai digne persounâge.

Lai Prêtre s'aissamblirant : Lai sag',-oveu respect, bin humbloman ollirant s'ouffri o se-n-aspect. Pou lais-Abbé coquet, tout queman dans l'église, crurant antré an freluquet; l'Eng',-en liou baillan liou paquet, liou chanti bin sottise.

Lai Minime venirant aitou le visité ; tou lai vella antrirant, sen crendre n'haisité ; mé l'Eng',-ais vergalan qu'aivient tous dais-allurai, desi-:-N'ollé pas pu ovan, airaité; je su troue sovan su vouelais-aventurai.

An chantan dai cantique tou su le même ton, lai Pére Séraphique antrirant sen foçon : 1 voulient o Jésu conté lioueto miséro ; mé quan i le vurant tout nu, se trouvan bin moen gueux que lu, pas-un n'ouesi le fére.

Crayan li fére féto, on vu lai confrérou, dai vioulon o liou této, pa l'avi du Priou ; mé l'Eng',-an lai voyan, liou fit sto raiprimando : Loen de paraître an pénitan, vo ressâmblé dai carmantran (des carnavals) que fant lo sarabando.

Opré Monsue le Maire, d'oveu lais-Aichevin, selon liouet'-ordinaire, pouthient d'hounou lai vin (les vins d'honneur). L'Enge crii, dit-on : — Lai bin venu vos étai ; antré, vo seré de saison, pou raichauffé stu biau poupon, d'oveu lais-autrai bétai (bêtes).

On vu paraitr'-ansuito, dans stu bruan fraca, pou li randre visito, le cô (le corps) dai Magistra. Un d'eux, prenant le ton, cria d'une voix forte, prenant sans doute la maison pour le palais ou la prison : — Ça qu'on ouvre la porte.

L'Enge, d'un ton tarrible, li di : —Dan stu lue sen (lieu saint) pou vo crair'-admissible, que le respect humain ne palai nulloman quan vo rantai santanço ; que jamé ne l'ô ne l'arjan, ne d'un biau minoi l'agréman, n'ampouthient lo bolânço.

On vu o lioueto pisto Avouca, Proucurou ; l'Enge liou di de suito : — Revierie-vo (retournez-vous) trotou. El-est vrai, stu

poupon, au bout de son maissâge, dait se voir-antre dai laron :
Mé, pou souffri so passion, i n'o pa ancou l'âge.

An superb'-aitalâge, lo Noueblesso an cô cru li fér'-un maissâge et magnifique et biau. *Un des plus fiers, voyant que l'on fermait la porte, dit à l'Ange: Drôle (en jurant)! Tu méconnais assurément des gens faits de ma sorte.*

An le ricanan, l'Enge li desi dans l'instan : — Je troueve bin aitrenge que vo vo goufli tant ; bassie un pouc le ton de vouet'-humeur aitiero, et comprantai, sot fanfaron, que devan stu divin poupon chaicun n'est que poussiero.

Voyan lioueto misére, dais Marchan usurie y courient ton, pou fére de liouetai bon marchie. Mé l'Eng'-un pouc sourcie, dés qu'i purant l'antandre, liou desi : — Maudi renevie (*usuriers*), vo n'é ran ici o gagnie ; i n'ant ran o vo vandre.

Enue'-innombrablo bande de pouere Vegnairon crurant sen raiprimando, ollé voi stu poupon ; el-an-aitient amé : Ainsi, pou lioueto gloire, i liou di : — Pouquoi diffamé, pa lai groue plant et le gaumé, vouete bon territoire?

Tou lai Couvan de Fellai urant parmission, an quittan liouetai grellai, d'ollé voi stu poupon. Dés qu'ell'-urant campo *(la clé des champs)*, plusieur ainsi palirant : — Imitin lai junne ousio ; Enno fois de liou ni defouo *(hors de leur nid)*, jamais i n'y rantrirant.

Lai Fonnai survenirant d'an grand ampresseman ; O l'anvi prépariran toutai un complimau : mé qué couisan regrai troubiiran lioueto féto . — Fouitai (*fuyez*), ràce de perrouquai, desi l'Enge ; vouetai caquai li casserient lo têto.

Toutai lai Demoisailai, grantai fellai, anfan, que faisient lai puçailai, parurant su lai ran *(les rangs)*. Ell'-ollient bounoman pou antré dan lo grenge ; mé s'oveu (*si avec*) lionetais-hobi blan ell'-ant su raiveuglé lai jan, peut-on trompé en-Enge?

Lai petetai antrirant, et dans le même instan lai pôthai sa framirant. Lai grantai murmuran voulurant prouctesté qu'ell'-aitient bin puçailai : O qui an voulient-u conté ? L'Enge, saichan lo vairité, liou di : — Aduc, mai bellai.

Criant : ô l'huile! ô l'huile! nombre de Paysan, voyan son doumicile, s'anguennévant dedan — Alte-là !. — Mé pouquoi?... — On veu tou vo counaître.... I criirant tou d'enno voi : — No sin dai pourai jan d'Arboi, qu'ousin ici paraître.

Tou de go (*tout droit*) el-ollirant ambressie sai genou, humbluman le priiran d'avoi pidie de liou ; et stu poupon divin, de lo pâ de son pére, liou proumi que l'annio que vin l'abondanço du blé, du vin, finiral lo misére.

Le second Noël, dialogué, commence ainsi :

— O don, bonjou, compâre vos-etai motenie ; que senaigie vo fâre *(ruminez-vous donc)* d'être déjo su pie? J'é déjo vu Liodo an delé de l'église, sai do gachon Piâre et Chalo, que pouthévant nu groue falo, qu'ollient queman lo bise.

— Que çan me sambl'-aitrenge! n'é-vo pa antandu touto sto

B

nai en-Enge que fesai tan de bru ? I criéve prou fouo, ce n'est pa
enno fòblo, que Due, pou fini nontai mau, tou nu, antre dos-
animau, étai dan enn'-aitòblo.

— Raivoillie-vo, compàre, ollé, vo ravassie; Due tout nu su
lo tàro ! Bon, bon, vo l'é songie. Antré voi o l'houto (*la cuisine*),
j'é qui enno bouteillo: Nos-en boirin un couo ou do; pou chaissie
tou vouetai grello, çan qui fero marveillo.

— De tadbé enno mieto je n'ó pas le lesi ; je vo chue nonto
Guieto (*Guiette*), li dire de veni adouré stu poupon qu'est lé dans
ce-t-aitòblo, tramblan queman un grevolon (*bourdon*). — Antré
toujou, poen de façon, bouté vo qui o tòblo.

Eh bin, pouere compàre, craitai vo bounoman que Due, pou
lu barbàre, naitrai se pouoroman; lu qu'o tout lai traiso, tou
bin an so pussanço, i serai tou chamaré d'o, el-airai tou çan
qu'i li fo, o çan que je me panse.

— Queman vo je sans jàre (*très-bien*) qu'i ne tenai qu'o lu; iné,
mon pouere compàre, s'el est dinse (*ainsi*) venu, c'est pou no
retierie, an fesan painintanço, du bourbie où s'aitai plongie Adam,
pou son maudi gousie, d'oveu so desçandanço.

— Oh! ça ça, bon couràge, vo palé an doctou; el-est vré qu'o
vouet'-âge on peut bin sovoi tou. Mé pou no racheté, et pou
calmé son pére, i n'aivai ran qu'o le soité, et pu montré so voulonté : Aivai-t-u tan o fére?

— Vo me rontrie (*casseriez*) lo této, vo faitai l'antété; moi, je
su enno béto de qui tan disputé. J'é coito (*je suis pressé*), je m'an
vo pou li randro visito. — Oh madhie! j'va oveu vo, et pu no
voirin qui o to. — Veni don tou de suito.

Passin chue nont'-Huguetto, mé ne retadhin pa; elle dai être
prêto, car el-est déjo ta. — Airaité voi un poue, reprenin nont'-
hailenno; vos-ollé tou queman un fou, ça, boyin voi chaicun
un cou, j'arriverin sen poenno.

— D'oveu vouetai boyoulai (*soif*), que vos-étai lambin! toutai
vouetai pairouelai ne sont que pou le vin. Mé que diro Jésu, an
voyan vouetó trougno? Au reste, qui só mue que lu que vo couchie, quan vos-é bu, dan lo piau d'en-ivrougne?

Bref, en voyant le petit Jésus, l'ivrogne promet de
ne plus boire, mais on sait ce que valent les serments
d'ivrogne. Dans le troisième Noël, Billot étale la per-
versité des enfants d'Adam, ce qui décide Dieu à
faire la grande lessive du déluge :

Due airai daitrui se-n-ouvràge ; mé du patriarche Noué, ainsi
que de tou son mainàge, lo foi le sut raimadoué. Voyan que ç'ai-
téve un bon drille, i li beilli l'invantion, pou sauvé touto so famille de l'antiero destruction.

Ce n'aitai pa pete'-offére de fabriqué un tó vaissiau; Noué mit
çant-an o le fére capable de vogué su l'iau. Chaique jou le sen
patriarche disai ais-houme courompu: Craitai me, chengie voueto
marche, ou bin vos-étai tou padhu.

Dés que lo machino fu faito, Noué songi o lo rampli d'enno prouvision complaito, çan ne fi pa le moendre pli. Dais-animo de touto sôtho y venirant de tou couté; an coupl'-ell'-antrient pa lo pôtho, de lioueto libro voulonté.

Quand tout fu rampli, lo coulairo de Duc aiclati dan l'instan : i fit grondé tou son tounaire, pou beillie le signal au tan (*à l'orage*). Du cie lai magasin s'ouvrirant, i pluyi tan, dan tou poyi, que bintoue lais-égai (*les eaux*) nayirant tou lais-houme bin aiboyi (*étonnés*).

Lais-un, pa lo crainto de boire, gagnirant vite le soulie (*le grenier*); mé, selon que pâle l'histoire, i furant contren de plongie. Lais-autr',–aibandenan lo plenno, su lai monts furant se longie; lioueto précaution fu venno, quan mêm'-el-airent su naigie.

Enfin les eaux du déluge se retirent... par quelle opération? — Buffon déchire ton système que dément la raison, reprend Billot, qui fait ensuite intervenir de même Cicéron, Alexandre et César, fort surpris de se trouver fourrés en pareille affaire, ce qui prouve qu'il ne suffit pas d'écrire en patois pour dépouiller son pédantisme originel.

Avec une diction assez correcte, les Noëls de Billot ont le tort de n'être bien franchement ni naïfs ni frondeurs, et surtout de ne pas refleter bien vivement les mœurs populaires et pétulentes des Arboisiens. Dans la tradition du pays, Arbois est réputé le pays des ânes. On dit les ânes d'Arbois comme ont dit les chevaux de Salins et les chèvres de Poligny. A cet égard, Billot ne fait nullement la petite bouche.

On ignore le nom de l'auteur du Noël de Salins. Pour comprendre ce persifflage bien décidé, il faut savoir qu'avant la Révolution, notre petite ville de sept mille âmes avait sur les bras une vingtaine de couvents ou maisons religieuses, lesquels, ici comme partout, étaient arrivés au sans-gêne le plus parfait, ce qui fournissait belle tablature au satirique local :

Je m'en olli l'autre dès jous, ès Carmes, au bout dès faubous, iou poukié lo nouvello que le bon Jésu était né, que n'y ovait ran o lantèné; que c'était chouso fâto; qui s'dèpâchissant vitoment d'y ollé poukié dès presents.

Refrain : Oh! bon, bon, bon! le jouli p'tit poupon! n'y o-t-u niun pou le voir?

Pendant que lès klouechès (*cloches*) sounint, lès moines de Gouôilles venint, qu'ètint no d'mi douzaino; ma, en passant poi Blégny, quatre s'ollirant rèfli (*amuser*); l'un ovait lo tridenno

(*diarrhée*) ; l'autre ovait poidiu son froue, que li pengueillait
pendillait, derrie le doue. — Oh! bon, bon! etc.

Il y vint un grand frère lai, oveu son grand chopeau nai,
trainant son scapulaire. Me dit le bon père Priou : — Nous vous
remercieus de l'honnou que vous nous vouliz faire; ma nous ins
no constitution que défend lès proucessions. — Oh! bon ,
bon! etc.

Lès chanoines du Bou-Dessus ovint tretou mis iou aumus
et iou bounet en této; ma il y vint un contretemps, qu'èbahis-
sit toutès lès gens, troubli touto lo féto : Lo Grand'rueto (*Grand-
rue*) était geolo l'ant tous boulé o lo-vau-l'eau. — Oh! bon,
bon! etc.

Jo m'en olli ès Coudelies, voir si l'ovint mis iou soulies, si
ferint bin le voyage. I m'ant dit qu'i voulint bin, que l'olliut
prendre deux dets de vin, pou iou beillie courage; trodie! l'en
ant tant bu de coues, l'en sont devenus tretou foues. — Oh! bon,
bon! etc.

Lès chanoines de Saint-Michie (*Saint-Michel*, pou souki s'è-
tint rèmoigie. Lou pu grand de la bando, c'était le chanoine
Magnin, que s'est beillie un groue tâtin (*gros coup*) en passant
poi lo pouòkio (*la porte*) et du coue qùi s'est beillie, lo Velo en o
rebondie. — Oh! bon, bon! etc.

C'est l'aumeunie de l'houpitau qu'o dit que c'était troue de
mau, de dèlougie o c't'huro. C'est n'boume qu'est bin si pourou,
qu'en son chemin trouvit un loup et cen li fit d'lo poinno. Putoue
que do condure son chemin, i mit l'affaire au lendemain.—Oh!
bon, bon! etc.

C'est lès Famillies de Saint-Jean, qu'ant tretou dit qu'aupara-
vant que de poilé d'affaire, qu'i faillait no fondation pour faire
no proucession; que li enviint le bon Vépre *bonsoir*. Ma i sont
tant intèressis, que d'avance i saut lès payis.—Oh! bon! etc.

Jo m'en olli pou èvoiki l'Oratoire pou y veni, oveu toutès
ioutès classes Le Préfet m'o dit bounoment si dans l'ètable de
Bethléan i n'y ovait pas prou de n'âne, sans y mener lès ècou-
lies ? Trodie ! i n'y boutrant pas lès pies. — Oh! bon, bon! etc.

Notre-Dame ovait résolu d'oller voir l'enfant Jésus, de li faro
n'harangue. L'ant tant prié monsue Bedeau qu'i s'est trouvé de
boune okoue (*bon accord*, et qu'o no bouno langue. Quand l'est
été souki de fauo (*sorti dehors*), i n'o pus su son fa-pa-couo
(*fait par cœur. Discours*). — Oh! bon, bon! etc.

Un Jésuite que me counaît, m'o rèpondu tout beau et net que
le jou de no féto, i no pouvint quitter iou mâson, pou cause dès
confessions ; que lès gens fesint iou dèvoto (*dévotions*); que j'olle
dire o noute Seignou, que l'ètiut bin sès servitous. — Oh! bon,
bon! etc.

Lès deux ermites de Solins, sont venus k'ment c'tu de Pretiñ
qu'était vaca dès deux ainchès (*boiteux des deux hanches*). C'était
le bon père Phelba que se berçait k'ment un cana, en passant su
lès plainchès. Ma i voichit du plo dret, so flanquit dans l'iau poi
le fred. — Oh! bon, bon! etc.

— 69 —

Dès chanoines de Saint-Moueri (*St-Maurice*), pa un n'y o voulu veni, si ce n'est c'tu grone prêtre qu'o deux frères capucins, l'un Frédéric et Colombin, et deux o l'Oratoire ; c'est le chanoine Patronay qu'o un frère que pouòkieu l'épée. — Oh! bon, bon! etc.

J'ollis su le ccuoto de Pretin, vâ lès pères Bènèdictins, ma l'étint o lo foire ; un était oveu dès sergents, pou fair'gaigle (*saisir*) des pouerès gens, que iou deviut dès rentes. Lès autres étint ki o Mânoue, pour se faire payie dès loues (*des dînes*). — Oh! bon, bon! etc.

Deux Tircelins nouveaux venus que no sovint pas lès èdus *(les ètres)*, prirant no mèchant route. L'un, oveu sès souliès èo boue, s'essopait contre lès ècoues (*heurtait les vieilles souches*), l'étint tout en dèronte. L'autre s'olli enqurpeilli (*encharboter*) lo barbo dans un gresoli (*groseiller*). — Oh! bon, bon! etc.

Je rencontri en mon chemin no grand bando de capucins, nu-pieds et sans-chemise, et quoiqu'i fussint maux vêtus, i couriut k'ment dès poidius maugré touto lo bise, et k'mencèrint de tout iou mue (*de leur mieux*) o chanter lès Ogrès o Due (*les louanges de Dieu*) — Oh! bon, bon! etc.

Lou beau premie qu'ollait devant, c'était lou bon frère Innecent que condusait lo bando. Quand l'âno de Bounet l'o vu, sitoue i se champit su lu, pou li empongnie lo barbo, crayant ótre un loupin de foin ; i o tout empoukié le groin. — Oh! bon, bon! etc.

En fin de compte, l'enfant Jésus reste tout seul dans sa crèche.

Les Noëls de Vauclans (Doubs) datent de 1746. Au nombre de dix, ils ont été écrits par un missionnaire, l'abbé Humbert, auteur d'un ouvrage ascétique qui servait autrefois de livre de lecture dans les écoles primaires du diocèse : *Les pensées sur les vérités de la religion.* Après les Noëls humoristiques de Besançon, les Noëls un peu hargueux d'Arbois et le Noël frondeur de Salins, ceux-ci forment un contraste spécial par leur ton de cantique religieux, qui exclut tout élément d'intérêt plastique et pittoresque. M. Bourgon, ancien magistrat à Besançon, va les rééditer. D'un style élégant et chatié, ces Noëls abondent en expressions patoises des plus franc-comtoises, qui en rendront la réédition intéressante, surtout pour les philologues.

L'auteur ne déroge à l'allure ordinaire du cantique que dans le premier de ses Noëls, où il consigne la liste de tous ses amis, sans s'oublier lui-même. Les dix morceaux s'enchaînent d'une façon méthodique qui révèle le parti-pris d'édification auquel ils ont dû l'existence. Dans le premier, un vieillard invite ses voisins à venir à Bethléem, et, pour les décider, il leur démontre comme quoi ils feront le voyage en belle compagnie. Dans le second, on se met en route; dans le troisième, le vieillard raconte à ses compagnons de voyage Daudot, Jannot, Pierrot et Liaudot, le mystère de la nativité, et combien la simplicité de Jésus ressemble peu au faste habituel des grands et des rois. Dans le quatrième, étonnement des pèlerins en arrivant à la crèche:

Jeu! qu'i fâ bé dans ce lue! On voit bin que ç'ost in Due.
Jésus! qu'i seus abéyi, de vous vouo dans in bourgi (*étable*);
Oh! que no sons rajouis. I semblie être en pairaidis! De ses regads de tendresse, on dirait qu'i nous caresse.

Le cinquième Noël parle de l'amour et de la reconnaissance que doit inspirer la naissance du Sauveur.

Quoi! pou das misérables, faillait-u tant de fracas? ô sauveu adourable! ç'ost pou das ingrats, das fos (*fous*), das pécheus, pou das poue (*porcs*), das gourmandes, das baivous (*bavards*), das poucands (*paresseux*), das gueux, etc.
Ce sauveu de mon âme, coumment lou goëne-t-on (*le traite-t-on*)?

Dans le sixième, Daudot et Bliasot parlent du mystère de la naissance de Jésus; puis, dans le septième, du bonheur qu'ont les hommes de posséder Jésus sur la terre; dans le huitième, on compare les deux avénements de Jésus, d'abord comme sauveur, puis comme juge suprême à la fin du monde. Le neuvième et le dixième sont relatifs aux rois-mages.

Citons comme spécimen de style et de patois quelques couplets du premier de ces Noëls:

Bin das gens vourrins fare aivo nous lou chemin; bin das fannas, das bessotas (*filles*); das gros moncés de dévotas.
Monsieu l'aibbé Jeannin-Gros, doyien di cliergé de Nods, vint de sait santet Ragondet, pou fare aivo nous sai rondet.
Lou curie (*curé*) de Montmourot, Monsieu l'armite Mourot, bin que lai saison sait rudet, vant veni coumment n'aliudet (*comme l'éclair*).
Lou missionnaire Humba (*l'auteur du Noël*), vait veni nous envamba (*lancer*) das sarmons tant que l'ai foudrait, (*tant qu'il faudra*). I tire et fa fue sans poudret.

Monsieu Bourquin lou doyien, i en seu sieu (*sûr*), l'ast je (*déjà*)
en chemin. C'ast l'hounou de Lai Barècho (*paroisse voisine*). I ne
craint ne .mont ne rèche (*roche*).

Voici bin das autras gens, que vegnant (*viennent*) de toutês sens
(*côtés*) de Nods, de Chanaas, d'Athose... Due ! ç'ost pou ne boun-
net cause !

Messieus Guiottet et Bergie. (*Bergier, le célèbre théologien*), vant
voni nous arreillie (*arranger*), saiges comment das apôtres ; lieus
dot en veillant bin d'autres (*eux deux en valent etc*).

Voici maintenant un Noël de date plus récente,
en patois de Vuillafans (Doubs). Il a pour auteur une
vieille demoiselle de 80 ans, feue Mlle Marguerite
Bauban. Qu'elle sût par cœur un bon nombre des
Noëls bisontins, c'est probable ; toutefois cet essai
naïf a des affinités moins directes avec ceux ci, qu'a-
vec les Noëls bressans, qu'elle ne connaissait certainement pas. Sans surfaire l'importance de ce morceau, on ne peut refuser à Mlle Bauban le mérite
d'une gracieuse application locale. Les personnes
désignées dans ce Noël sont toutes de ses amies, ce
qui en fait déjà un morceau *historique* ; car chacun
est là dans son emploi propre, ou avec quelque trait
de caractère personnel : M. le curé, les Sœurs grises,
Marie Kiblaire, la tailleuse, Mlle Droz, la doreuse,
M. St-Loup, le maire, etc.

Lou Messie est arrivé. I faut veni l'adorê. L'est qui dans in
pete coin couchie dans in pouc de foin.

Refrain : — Veni, mês offants! veni tous ai Bethléan !

Monsue lou curie vindro. I ne sero pês de trop. I fero lou compliment. C'est bin lu lou plus saivant.

Monsue l'abbé bin content, o vitou pris lou devant. L'est ollê
priê lai mère pou lu et pou sês confréres.

Lês quètre Sœurs y vindraut, aivô dês cœurs tout fervents.
L'enfant Jésus li o proumis ne bounne plaice en pairaidis.

Voici lai Marie Banad (*Bernard*), aivô son bé pete pas. Le
priero pou nous tretus, lai mère et l'enfant Jésus.

Lai Francèse (*Françoise*) vint aiprés, qu'aippoukieu in joli bré
(*berceau*), pou couchie l'enfant Jésus qu'est veni tout marre-
nu.

Voici mamzelle Sophie qu'aippoukieu in bé couvre-pie, pou
caichie lês bés pitons de çu tant joli poupon.

Voici lai dmoiselle Droz qu'airrive bin à propos. L'ournero mé
que tretus lai crèche de l'enfant Jésus.

Marie Kiblaire fero bin de veni lou bon maitin. Le fero in bon
gilet pou çu père saint Josel.

Lés chantouses y vindrant, aivô tous ieux plus bés chants.
L'unirant ieu bé cantique, ai lai céleste musique.

Mamzelle Vieille y viendro, qu'aippoukero in bouquot (*bouquet;*)
mamzelle Bossu in present de bonbons d'oue et d'argent.

Pou nous tretu aiccoudié, ou fero in bon dîné. Lai Jeannette
Bas (*Bard,*) y vindro pou nous faire lou fricot.

Monsue Pasteur vint aivo nous. I faut qu'i sait tout pakiou.
L'aippoukero ne grand bouteille, de son moillou vin de peille.

Voici lai Félicité qu'aippoukieu in bon gros pâté. On aittendro
qui sait fred, pou régalé saint Joset.

Ma'ime Chevassu vin:lro, dévô *(avec)* in bon gros gigot; dévô
lou dessert et lés fruts, pou l'ouffri au bon Jésus.

Pour mettre l'oudro pakiou, on moûnero monsue St-Loup. I
mettro bin lai police. C'est, ma foi, bin son office.

Tous cléqni que n'y sèrant pès, nous prirans Due de lés con-
soulé, et de li beillio lou pairaidis, pou en faire ieu proufit.

XI. Chants populaires.

Si les Noëls, généralement écrits en patois, portent toujours le cachet officiel de leur origine géographique, il n'en est plus de même des chansons
populaires. Telle chanson est donnée par un collectionneur comme appartenant à la Bretagne où à la
Gascogne, et un autre la découvre, soit identique,
soit à peine modifiée, en Dauphiné ou en Lorraine,
dans la mémoire de quelque vieille femme peu suspecte de contrefaçon littéraire. C'est ce qui m'est arrivé souvent dans mes recherches. Heureusement la
précision rigoureuse n'a rien ici de fort essentiel.
J'ai pris mon bien où il se trouvait, sans le moindre
scrupule ; seulement je n'ai admis un morceau parmi
les chansons franc-comtoises, qu'autant qu'il m'était
transmis comme tel par trois ou quatre personnes,
habitant, dans notre province, des localités éloignées,
et ne tirant leurs réminiscences que de leurs vieilles
traditions de famille. Rien n'empêche, j'en conviens,
qu'on n'ait, en Normandie ou en Provence, la même
argumentation à faire valoir dans l'espèce, mais
cette compétition paraissant inextricable, suçons toujours l'orange, jusqu'à ce que messieurs les discu-
teurs, à qui nous laisserons poliment l'écorce, aient
réussi à se mettre d'accord. Cette ubiquité de certaines chansons en fait, du reste, le meilleur éloge,

un pareil avantage tenant à des raisons solides, ne les aperçût-on pas toujours de prime abord.

Si l'origine géographique des chansons populaires est difficile à déterminer, quand on n'a pas pour garant un texte patois ou un nom de lieu, combien plus difficile encore est la découverte du nom de leurs auteurs! — « Qui a fait ces chansons? se demande M. Champfleury. — C'est le compagnon partant pour le tour de France, et charmant sa route par d'interminables couplets. — C'est la bergère du village « *là haut sur la montagne!* » pensant au conscrit qui reviendra plus tard. — C'est le paysan qui prépare sa ménagère à la vie de travail qui l'attend après la noce. — Ce sont les gens d'un village, pour se gausser de ceux du village voisin. — C'est le matelot partant pour les îles, *sur son vaisseau d'argent.* — C'est la mère prudente, montrant à sa fille pauvre, le jeune roi qui *épouse des bergères.* — Ce sont des buveurs de tous pays, plus amoureux de la bouteille que de l'amour. — Ce sont les amoureux trompés, se consolant des ingratitudes de leurs belles, et assoupissant leurs chagrins, dans de mélancoliques refrains. — Qui a fait cette chanson contre les femmes? — Les hommes. — Et cette autre contre les hommes? — Les femmes.

La récolte des chansons populaires est une sorte de botanique dans la vaste science archéologique. Plus de vieux parchemins à déchiffrer qui fatiguent la vue; plus de ces noires poussières à respirer dans de poudreuses archives; mais des courses dans les villages; de vieilles gens à interroger; souvent la misère à soulager en pénétrant dans de pauvres cabanes; une mission utile dans l'intérêt de la langue et de l'histoire; une tendance à la musique qui élève l'âme; des traits comiques et joyeux à recueillir; de douces tristesses émouvantes, enchâssées dans une vérification naïve; le rappel au sentiment de la nature, à la bonhomie, s'échappant souvent des paroles et de la musique; le retour à la simplicité, qui font naître mélodie et vers, lesquels offrent souvent plus de raison que de rime; de gais sourires provoqués par une voix sans prétention qui répète au piano ces

chants de l'enfance... Telles sont les jouissances ré-
servées aux collectionneurs de chansons populaires.
Mieux que d'ambitieuses histoires, ces chansons nous
apprennent à connaitre le peuple de France avec les
différences qui séparent le midi du nord, une province de l'est, d'une province de l'ouest, une ville
d'une autre ville, un bourg d'un village, un village
d'un hameau. De ces chansons jaillit un sentiment
particulier plein de charme, provenant de l'innocence des esprits qui les ont improvisées. On dirait
que l'absence d'éducation n'a servi qu'à rendre plus
vives les sensations. La joie, la tristesse, l'amour y
sont dépeints plus fortement, n'étant bridés par au-
cune réthorique. »

Quant à la structure prosodique des chansons populaires, elle est, en général, peu compliquée. Souvent le couplet se résume en un distique plus ou
moins rimé. Comme ici la mélodie et les paroles jail-
lissent simultanément de la même inspiration, le
texte se contente d'indiquer la situation, puis, au
moyen d'onomatopées, c'est-à-dire de : — Houpa !
la la ! ou de : — Dondaine dondé ! variés à l'infini,
la mélodie développe le thème, d'un ton plaintif ou
narquois, selon la donnée du drame.

Dans le texte des chansons populaires, on est sûr
de ne jamais rencontrer de cheville hypocrite. Quand
le jet de la phrase ne suffit pas à produire naturellement la rime, le poëte a recours au *retruc*, c'est-à-
dire à l'emploi sincère d'une simple assonance, qui
remplit la lacune sans affadir le texte, en l'allongeant
inutilement.

Souvent le dernier vers d'une strophe devient le
premier de la suivante, et ainsi de suite jusqu'au
bout. Cette répétition a l'avantage de prévenir les
distractions de l'auditoire, de lui cheviller d'emblée
le morceau dans la tête, et de laisser au chanteur le
temps d'étaler ses belles vocalises.

D'autres fois le couplet, sous forme de quatrain,
n'a que deux vers rimés, avec ou sans entrelacement,
comme beaucoup de poésies allemandes, peut-être
moins éloignées que les nôtres, de la véritable tradition populaire.

La chanson populaire vit tellement d'harmonie instinctive, qu'elle sacrifie tout à celle-ci, la mesure naturelle des mots et leur accentuation. Elle est aussi prodigue d'élisions que de barbarismes. Pourvu qu'elle arrive à l'effet voulu, peu lui importent les moyens, car elle se sent garantie de tout reproche par la sincérité de son inspiration, et le bon vouloir de son public. Ses moules, ou plutôt, ses types ne sont pas très-multipliés, aussi, le même sert-il souvent à des variantes infinies, sans que l'inventeur primitif, à qui en appartient tout le mérite, songe à réclamer ses droits d'auteur. Quelquefois cependant, le poète jaloux met son nom au bas du dernier couplet, comme un peintre met le sien au bas de son tableau, mais c'est l'exception. En général, l'auteur le plus éloquent fait ici abstraction de lui-même, et la masse du peuple l'en récompense en s'assimilant et immortalisant son œuvre.

XII. Chansons d'amour.

Chaque chanson populaire pourrait devenir l'objet d'un long commentaire. J'abrégerai. Rassurez-vous, lecteur. Faut de la science, pas trop n'en faut. En tête marchent naturellement les chansons d'amour, brunettes, branles ou rondeaux, qu'on appelle aussi, aux environs de Morez-Jura, des *lèchettes*, et dans la Suisse française, des *corolles*. Pour valoir tout son prix, la chanson populaire aurait besoin d'être accompagnée de la note musicale, ou mieux encore, du chant de vive voix. Réduites à leurs avantages littéraires, ces chansons ne ressemblent plus guère qu'à une collection de fauvettes empaillées. De leur ensemble, il se dégage cependant un certain charme qui me rassure sur l'accueil qu'elles trouveront auprès des lecteurs de bon vouloir :

1. LES PETITS FENDEUX.

I avait trois p'tits fendeux, fendeux dessus l'herbette ; (j'entends le rossignolet) ; i avait trois p'tits fendeux, causant de leurs amourettes.

Le premier des fendeux, celui qui tient la fende (j'entends le rossignolet); le premier des fendeux dit : — J'aime et je commande.

Le second des fendeux, celui qui tient la rose (j'entends le rossignolet); le second des fendeux dit : — J'aime, et moi je n'ose.

Le troisièm'des fendeux, celui qui tient l'amande (j'entends le rossignolet); le troisièm'des fendeux dit : — J'aime et je demande.

— Mon ami ne serez, vous qui tenez la fende (j'entends le rossignolet); mon ami ne serez; l'amour ne se commande.

— Mon ami ne serez, vous qui tenez la rose (j'entends le rossignolet); mon ami ne serez; si vous n'osez, je n'ose.

— Mon ami vous serez, vous qui tenez l'amande (j'entends le rossignolet); mon ami vous serez... l'on donne à qui demande.

Qu'est-ce que ces fendeux ? Sans doute des bûcherons. Et la fende, la rose et l'amande ? Ces mots ne sont sans doute là que pour le retrue dont je parlais tout à l'heure. Du reste, ne soyons pas trop curieux, car, comme le dit M. Sainte-Beuve, en présence d'un embarras analogue : essayer de comprendre, c'est déjà n'avoir pas compris.

2. AH ! IOUPA, LA ! LA !

Voilà ma journée faite (ah ! ioupa, la ! la ! idera, la ! la ! idera de riquette, ah ! ioupette, lon la !) voilà ma journée faite, il faut donc m'en aller.

En chemin je rencontre (ah ! ioupa la, la ! etc.) en chemin je rencontre jeune fille à mon gré.

La pris par sa main blanche (etc.), au bois je la menai.

Quand au bois fut la belle, elle se mit à pleurer.

— Que pleurez-vous, la belle; qu'avez-vous à pleurer ?
— Je pleure, c'est de tristesse et non pas de gaieté.
— Ne pleurez pas, la belle; du bois vous sortirez.

Quand dehors fut la belle, elle se mit à chanter.

— Que chantez-vous, la belle, qu'avez-vous à chanter ?
— Je ris de ce gros bête qui n'a su m'embrasser.
— Rentrons au bois, la belle, je vous embrasserai.
— Quand tu tenais la caille, il fallait la plumer.

3. LA CLAIRE FONTAINE.

En revenant des noces, dondaine ! bien lasse et fatiguée, dondé !

Au bord d'une fontaine, dondaine ! je m'y suis reposée, dondé !

La fontaine était claire, dondaine ! et je m'y suis baignée, dondé !

A la feuille d'un chêne, dondaine ! je m'y suis essuyée, dondé !

Sur la plus haute branche, dondaine ! le rossignol chantait, dondé !

— Chante, rossignol, chante, dondaine! toi qu'as le cœur si gai, dondé !

Le mien n'est pas de même, dondaine! car il est affligé, dondé !

C'est que mon ami Pierre, dondaine! avec moi s'est brouillé, dondé !

Pour un bouton de rose, dondaine! que je lui refusai, dondé !

Je voudrais que la rose, dondaine! fût encore au rosier, dondé !

Et que le rosier même, dondaine! fût encore à planter, dondé !

Et que mon ami Pierre, dondaine! fût encore à m'aimer, dondé !

M. X. Marmier doit avoir retrouvé au Canada cette chanson qui m'a été adressée de quatre ou cinq localités différentes de notre pays, ainsi que la précédente et beaucoup d'autres.

4. LE ROSIER BLANC.

J'ai cueilli la rose rose (bis), l'ai mise à mon tablier blanc. Belle rose rose! L'ai mise à mon tablier blanc, belle rose au rosier blanc.

Je l'ai portée à ma mère (bis), entre Paris et Rouen. Belle rose rose! entre Paris et Rouen, belle rose au rosier blanc.

Et voilà que j'y rencontre (bis) un rossignolet chantant, etc.

Il me dit, dans son langage (bis) : Mariez-vous promptement, etc.

Car, pour se mettre en ménage (bis), sage est qui pas trop n'attend. Belle rose rose! Sage est qui pas trop n'attend ; belle rose au rosier blanc.

5. LES PANTOUFLETTES.

J'avais pris mes pantouflettes qui vont faisant cric et crac. Je me mis à la fenêtre, voir si mon ami ne vient pas *Refrain*: Et pensez-vous qu'il m'oublie? et, oh! la! la! qu'il n'm'oublie pas?

Je me mis à la fenêtre, voir si mon ami ne vient pas. J'aperçus la claire lune. — Claire lune, que Dieu te gard! Et pensez-vous qu'il m'oublie? etc.

J'aperçus la claire lune. — Claire lune, que Dieu te gard! hélas! que les nuits sont longues, quand les amis n'y sont pas. Et pensez-vous qu'il m'oublie? etc.

Hélas! que les nuits sont longues, quand les amis n'y sont pas. Ma mère est à la fenêtre. Elle entend ce discours-là. Et pensez-vous qu'il m'oublie? etc.

Ma mère est à la fenêtre. Elle entend ce discours-là. — Taisez-vous, petite sotte. Votre père le saura. Et pensez-vous qu'il m'oublie? etc.

— Taisez-vous, petite sotte. Votre père le saura. — Ma mère , ma bonne mère, savez-vous ce qu'il y a? Et pensez-vous qu'il m'oublie? etc.

Ma mère, ma bonne mère, savez-vous ce qu'il y a?... Si vous êtes à votre aise, tout le monde n'y est pas. Et pensez-vous qu'il m'oublie? Et oh! la! la! qu'il n'm'oublie pas?

6. LE BOIS ROSSIGNOLET.

M'y allant promener, le ré! le long du grand chemin, le rin! le long du grand chemin! Là, je m'y endormis, le ri! à l'om, le ron! bre sous le rou! un pin, le rin! au bois rossignolet! le ret! au bois rossignolet.

Là, je m'y endormis, le ri! à l'ombre sous un pin, le rin! à l'ombre sous un pin. Quand je me réveillis, le ri! le pin, le rin! était, le ret! fleuri, le ri! au bois rossignolet, le ret! au bois rossignolet.

Quand je me réveillis, le ri! le pin était fleuri, le ri, le pin était fleuri! Vit'je pris mon coutiau, le riau! un'bran, le ran! che j'en, le ran! coupis, le ri! au bois rossignolet, le ret, au bois rossignolet.

Vit'je pris mon coutiau, le riau! un'branche j'en coupis, le ri! un'branche j'en coupis, et j'en fis un flutiau, le riau, un fla, le ra! geolet, leret! aussi, leri! au bois rossignolet, leret, au bois rossignolet.

Et j'en fis un flutiau le riau! un flageolet aussi leri! un flageolet aussi, et m'en allai chantant, le ran! le long, le ron! du grand, le ran, chemin, le rin, au bois rossignolet, le ret! au bois rossignolet!

Et m'en allai chantant, le ran! le long du grand chemin, le rin, le long du grand chemin! Ah! savez-vous Messieurs, le rieu! ce que, le re! ma flù, le ru! te a dit, le ri? au bois rossignolet, le ret! au bois rossignolet!

A savez-vous Messieurs, le rieu! ce que ma flûte a dit, le ri, ce que ma flûte a dit : — Ah! qu'il est doux d'aimer, le ré! le fils, le ri! de son, leron! voisin, lerin! au bois rossignolet, leret! au bois rossignolet!

Ah! qu'il est doux d'aimer, leré! le fils de son voisin, le rin ; le fils de son voisin! Quand on l'a vu le soir, le soir! on le, le re! voit le, lere! matin, le rin! au bois rossignolet, leret, au bois rossignolet.

Je publiai pour la première fois cette jolie chanson dans le *Journal pour tous*, en 1855. A l'arrivée du journal, deux octogénaires de Besançon, un monsieur et une dame, se mirent à danser de compagnie chez le libraire, M. Bulle, tous ravis de retrouver cet écho de leur lointaine jeunesse. J'ai aussi entendu le *Bois rossignolet* dans la Suisse française, où il avait peut-être été porté en 1792 par quelque émigré.

Ceux qui contestent aux Franc-Comtois le sentiment poétique, n'ont qu'à étudier de près ce chef-d'œuvre du genre, et ils reviendront de leur prévention.

7. VIVE L'AMOUR ET LE LILAS.

Derrière chez mon père, vive l'amour (bis)! un oranger il y a, tra la! tra dere la! un oranger il y a. Vive l'amour et le lilas.

Je vais pour les cueillire, vive l'amour! mon échell'sous mon bras, tra la! tra dere la! mon échelle sous mon bras, vive l'amour et le lilas.

Au marché je les porte, etc., ma corbeille à mon bras, etc.

Un galant je rencontre, etc., qui me les acheta, etc.

— Portez-les dans ma chambre, etc., nous les compterons là, etc.

— Je compte, je recompte, etc., le compte n'y est pas, etc.

— Mettez-vous-y la belle, etc., et le compte y sera, tra la! tra dere la! Et le compte y sera. Vive l'amour et le lilas!

8. LES TROIS JOLIES PRINCESSES.

Derrière chez mon père (vole! mon cœur vole!), derrière chez mon père, il y a-t-un pommier doux. Il y a-t-un pommier doux tout doux et lou! Il y a-t-un pommier doux!

Trois jolies princesses (vole, mon cœur, vole!), trois jolies princesses sont assises dessous. Sont assises dessous, tout doux et lou! *Sont assises dessous!*

— Ça, dit la première (vole, mon cœur vole!), ça, dit la première, c'est le point du jon! c'est le point du jour, tout doux et lou! c'est le point du jour!

— Ça, dit la deuxième (vole, mon cœur, vole!) ça, dit la deuxième, j'entends le tambour. J'entends le tambour, tout doux et lou! j'entends le tambour!

— Ça, dit la troisième (vole, mon cœur, vole!), ça, dit la troisième, c'est mon ami doux. C'est mon ami doux, tout doux et lou! C'est mon ami doux!

— Il va t'à la guerre (vole, mon cœur, vole!), il va t'à la guerre, combattre pour nous. Combattre pour nous, tout doux et lou! Combattre pour nous.

— S'il gagne bataille (vole, mon cœur, vole!), s'il gagne bataille, il aura mes amours; il aura mes amours, tout doux et lou! Il aura mes amours.

— Qu'il gagne ou non gagne (vole, mon cœur, vole!) qu'il gagne ou non gagne, il les aura toujours; ils les aura toujours, tout doux et lou! il les aura toujours.

Les *Trois jolies princesses* nous ramènent à ce monde ternaire où se complaisent la poésie et la tradition populaires; trois petits fendeux, trois princesses, trois

capitaines, trois robes, trois danses, trois anneaux,
etc. Ces dames sont assises sous un pommier doux
que nos archéologues rattachent aux traditions druidiques. Contentons-nous d'admirer ce bercement
plein de grâce, et ce cri du cœur de la troisième pro-
testant que, même vaincu, son galant peut toujours
compter sur elle.

9. TOUT LA HAUT SUR CES CÔTES.

Tout là haut sur ces côtes (bis), une bergère il y a, lon la!
C'est une demoiselle (bis) qui chante joliment, lon la!
Du haut de sa fenêtre (bis), le fils du roi l'entend.
— Vite, vite, qu'on selle (bis), mon joli cheval blanc.
Quand il fut sur ces côtes (bis), finie est la chanson.
— Votre chanson nouvelle (bis), belle recommencez.
— J'ai le cœur en tristesse (bis), je ne puis plus chanter.
— Pour le remettre en joie (bis), il faut vous marier.
Si vous voulez mon page (bis), mon page vous aurez.
Si ne voulez mon page (bis), mon frère vous aurez.
Si ne voulez mon frère (bis), moi-même vous aurez.
Si ne voulez moi-même (bis), que dira-t-on de vous?
— On dira, c'est la reine (bis), à la reine, le roi!

Une fois la bride lâchée aux ambitions féminines,
elles ne s'arrêtent pas à moitié chemin.

10. LA BELLE BARBIÈRE.

En France, il y a t'une barbière qui est plus belle que le jour;
mais, hélas! comment faut-il faire pour en obtenir ses amours?
— Il faut lui donner des aubades, aussitôt la pointe du jour.
Ce sont trois jeunes gentilshommes qui voudraient lui faire la
cour.
Aussitôt la première aubade, la barbière ouvre ses yeux doux,
et met la tête à la fenêtre : — Beaux messieurs, que demandez-
vous?
— Demandons la belle barbière. La barbe ne nous ferez-
vous? — Oh! oui, mes jeunes gentilshommes; l'ai faite à bien
d'autres que vous.
Elle réveille sa servante : — Marguerite, allons, levez-vous.
Apprêtez mon beau plat à barbe et mes rasoirs, qui sont au-
tour.
Apprêtez ma jolie serviette qui est pliée en plis d'amour; le
savon et la savonnette et que chacun vienne à son tour.
Le premier que rase la belle, il change trois fois de couleur.
— Est-ce mon rasoir qui vous blesse? Que ne le disiez-vous,
monsieur?
— Ne sont vos rasoirs qui me blessent, mais ce sont bien vos

beaux yeux doux. — Laissez mes yeux, beau gentilhomme; mes beaux yeux n'y sont pas pour vous.

Mes amours et mes amourettes, ils sont à un autre que vous. Ils sont embarqués sur la Saône, et vont la nuit comme le jour.

11. DERRIÈRE CHEZ MA TANTE.

Derrière chez ma tante, il y a un bois joli. Le rossignol y chante et le jour et la nuit. Gai lon la! gai le rosier du joli mois de mai.

Le rossignol y chante et le jour et la nuit. Il chante pour ces dames qui n'ont pas de maris. Gai lon la! etc.

Il chante pour ces dames qui n'ont pas de maris. Il n'chante pas pour moi, car j'en ai un joli, etc.

Il n'est pas dans la danse, il est bien loin d'ici, etc.

Il est dans la Hollande. Les Hollandais l'ont pris. etc.

— Que donneriez-vous, belle, pour le ravoir ici? etc.

— Je donnerais Quebec, Sorel et St-Denis. Gai lon la! gai le rosier du joli mois de mai.

12. LES FOINS.

Dès le matin, je vais avec ma mie, faucher là-bas le foin dans la prairie. En même temps que va et vient ma faux, derrière moi ratelle son rateau.

A chaque fleur, à chaque marguerite qu'abat ma faux, je me retourne vite, pour savoir si ma mie y est toujours, et si ses yeux brillent encor d'amour.

Quand midi sonne, elle apporte la soupe, sur le foin frais que ma fauchette coupe, et nous voilà l'un près de l'autre assis, nous régalant du meilleur appétit.

En nous servant de la même cuillère, nous nous lorgnons de façon singulière. Après-midi, ma mie un peu s'endort. De mon côté je fais aussi le mort.

Mais un moment après je me réveille, et sur ma mie avec grand soin je veille, pour lui chasser mouches et papillons, qui près de nous voltigent tout en rond.

Par un baiser, à la belle endormie, je dis enfin : — Réveillez-vous, ma mie! Le foin est sec, le chariot voici, qu'il faut charger; mais soyez sans souci...

Pour s'en aller, plus rien ne nous empêche; montons là-haut sur la luzerne fraîche, et on dira, en nous voyant là-haut : — En voilà deux qu'on mariera bientôt.

13. NOUS Y ÉTIONS TROIS FILLES.

Nous y étions trois filles — sur la rive d'un gué;
Nous disant l'une l'autre : — Allons nous y baigner.
Sous ces branches de saule — qui pourrait nous trouver?
— Oh! se dit la plus jeune, — moi, je n'y veux aller.
Si le fils du roi passe, — il nous emmènera.
N'eut pas dit la parole, — le fils du roi passa.
La prit par sa main blanche, — en croupe la monta.

Quand elle fut en croupe, — sitôt elle pleura.
— Ne pleurez pas, la belle. — Qu'avez-vous à pleurer?
Pleurez-vous votre père, — ou votre mère ou moi?
— Ne pleure ni mon père, — ni ma mère, ni toi.
Je pleure mes trois frères, — qui sont si loin de moi.
— Ne pleurez pas, la belle; nous irons les revoir,
Quand vous serez reine, — quand je serai le roi,
Une fois la semaine, — c'est quatre fois le mois.

14. DIX FILLES A MARIER.

Y avait dix filles dans un pré; toutes les dix à marier. Y avait Dine, y avait Chine, y avait Suzette et Martine. Ah! ah! Cathe-rinette, Catherina! Y avait la jeune Lizon, la comtesse de Mont-bazon; y avait Madelaine et puis .. la Dumaine!

Toutes les dix à marier. Le fils du roi vint à passer; lorgna Dine, lorgna Chine, lorgna Suzette et Martine, ah! ah! Catheri-nette! Catherina; lorgna la jeune Lizon, la comtesse de Mont-bazon, lorgna Madelaine; embrassa... la Dumaine!

A toutes il fit un cadeau (bis) bague à Dine; bague à Chine, etc.; diamants à la Dumaine!

Puis il fallut s'aller coucher (bis) paille à Dine, paille à Chine, etc.; beau lit à la Dumaine!

Puis toutes il les renvoya (bis), chassa Dine, chassa Chine et garda... la Dumaine!

15. LE JOLI CAPITAINE.

Un joli capitaine revenant de guerre, cherche ses amours. Il les a tant cherchés, qu'il les a trouvés dedans une tour.

— Oh! dites-moi, belle, qui vous a fait mettre dedans cette tour? — C'est mon très-cher père qui m'y a fait mettre, par rapport à vous.

Joli capitaine, demande à mon père, quand je sortirai. — Gé-néral de France, ta fille te demande, quand elle sortira.

— Joli capitaine, n'en sois point en peine; tu ne l'auras pas
— Je l'aurai par ruse, je l'aurai par force ou par trahison.

Le père de rage, ouvre le grillage, et la jette à l'eau. Son amant, plus sage, se jette à la nage, pour la retirer.

A la première ville, son amant l'habille tout en satin blanc. A la seconde ville, son amant l'habille tout d'or et d'argent.

A la troisième ville, son amant l'habille tout en diamants Elle était si belle qu'elle était la reine dans le régiment.

16. LA FILLE D'UN PRINCE.

La fille d'un prince voulant aimer, son père la fit enfermer.

La fit mettre dans une tour, pour qu'on n'lui fasse pas l'a-mour.

Au bout de la seconde année, son père alla la visiter:

— Bonjour, ma fille, comment ça va? — Ma foi, papa, ça va comme ça;

J'ai un côté rongé des vers ; l'autre côté brisé des fers.

—Eh bien, ma fille, si vous voulez, de cette tour vous sortirez.

—Oh ! non, papa, oh ! pour cela, mes amours ne quitterai pas.

—Alors meurs dedans cette tour, pour qu'on n'te fasse pas l'amour.

Au bout de la septième année, on portait la belle enterrer.

Le fils du roi passant par là, dit au cortége : — Arrêtez-là !

Vous portez ma mie enterrer, permettez-moi de l'embrasser.

Qu'on m'apporte mes ciseaux fins, pour découdre ce drap de lin...

Et quand le drap fut décousu, la belle s'a bien reconnu.

Disent les prêtres, les abbés : — La belle chose que d'aimer !

On portait la belle enterrer ; à présent la faut marier.

17. LA FILLE DE SCEY (DOUBS).

Un dimanche d'après vêpres, un soir d'après souper, m'y allant promener, je vis une clarté. C'était celle de ma mie qui s'allait reposer.

— Bon soir, ma mie, bon soir ; êtes-vous déjà couchée? Y a bientôt six semaines qu'à vous je n'ai parlé. Ouvrez-moi votre porte, la belle, si vous m'aimez !

— Comment ouvrir sa porte quand on n'a pas la clé? Mon père aussi ma mère sont dans leur lit couchés. Venez à la fenêtre, je vous y parlerai.

— Je suis à la fenêtre, la belle y viendrez-vous? Je suis trempé de pluie, dans l'eau jusqu'au genou. N'aurai-je point, la belle, quelque faveur de vous ?

— Le manteau de mon père est dans nos chambres en n'haut. Si vous le voulez mettre j'irai vous le chercher, pour vous mettre à la *soule*, que vous n'soyez point mouillé.

— Les chiens de votre père, ne font que d'me japper. Ils disent en leur langage : Garçon tu perds ta peine ; garçon tu perds ton temps.

D'après ce texte, ces visites nocturnes ne sont point poussées à l'extrême dans notre pays, si ce n'est toutefois, dit-on, aux environs de Montbéliard. Une chanson lorraine sur le même sujet représente le père intervenant avec un bâton, et le galant décampant sans culotte et sans sabots. La terre classique de cette singulière coutume, c'est la Suisse allemande, où elle s'appelle le *Kilt*. Là, une fille ne perd nullement sa considération à recevoir, le samedi soir, son kilteur. Le kilt et les kilteurs reviennent souvent dans les romans bernois du pasteur Gotthelf. Avant lui, un autre pasteur de l'Oberland, le poète Kuhn, avait déjà chanté le kilt dans une

chanson patoise que j'ai essayé de traduire comme
il suit. Les deux amants s'appellent Eïsi (Elisabeth)
et Benzi (Benoit) :

— Eïsi, permets donc que j'entre dans ta chambre.
Il fait si froid, dehors, par ces nuits de décembre !
Regarde comme tout scintille au firmament,
Et les hiboux au loin hurlent si tristement.

— Benzi, de ces fagots, descends donc ; je t'en prie !
Voilà notre gros chien qui grogne à l'écurie.
Va-t'en, mon cher ami, je t'en prie à genoux,
Sans quoi, ma mère va monter auprès de nous.

— M'en aller ! oh ! pour peu que cela lui convienne,
Je ne crains pas du tout ta mère, qu'elle vienne !
Que pourrait-elle dire ? Est-ce que, par instant,
Jadis avec ton père, elle se gênait tant ?

— Non, non, va-t'en ! je suis de peur toute glacée !
Quoi ! n'es-tu pas déjà venu la nuit passée,
Si tes parents allaient l'apprendre... pense donc !
Jamais d'eux ni des miens, je n'aurais mon pardon.

— Bah ! quant à mes parents, sois sans inquiétude.
De consulter leurs goûts, je n'ai pas l'habitude,
Et près de toi je sens malgré moi tous mes vœux
M'attirer constamment comme par les cheveux.

— Non ! non ! jamais ! descends vite de ma fenêtre !
Par cette nuit, l'on peut très-bien te reconnaître.
Reviens samedi soir, sitôt qu'il fera nuit.
Ne nous exposons pas, ce soir, à tant d'ennui !

— Allons, ma chère, allons, trêve de niaiserie !
Ouvre-moi. Pour plus tard, garde ta pruderie.
De ma part, ce serait vraiment trop saugrenu,
De m'en aller tout droit comme je suis venu.

— O Benzi ! tu deviens un être abominable !
Mais c'est égal ; pour deux je serai raisonnable.
Je le jure, et tu peux en être très-certain,
Avec moi tu perdras cette nuit ton latin.

— Eïsi ! toi si bonne et douce, d'habitude,
Pourquoi si brusquement cette affreuse attitude ?
Quel mal t'ai-je donc fait ? Mais c'est assez parler.
Puisqu'il le faut, je vais bravement m'en aller.

— Mon Dieu ! quel terrible homme ! Il faut tout lui permettre.
Entre, allons..., mais d'abord tu vas bien me promettre
De ne faire aucun bruit et d'être désormais
Plus gentil... ou sinon, je ne rouvre jamais !

18. LA BELLE FRANÇOISE.

Deux amants tendrement épris, soupiraient sous un chêne (bis),
quand le papa passant par là, bien étonné sur eux tomba.

— Oh ciel! en croirai-je mes yeux! quoi! ma fille Françoise (bis), sur ce gazon sans plus de façon avec un pareil polisson.

Vite, mes gardes, enchaînez ce couple abominable (bis) dans
une tour, à triple tour, qu'on les enferme pour toujours.

Là le pauvre amant soupirait : — François' belle Françoise !
n'aurai-je donc jamais le don d'obtenir au moins ton pardon?

Par les barreaux de sa prison : — Non! répondait Françoise ;
un tribunal non moins brutal, va trancher notre sort fatal.

Devant les juges, voilà donc, tous deux qu'on les amène, bien
enchaînés et décharnés, hélas ! pour s'être trop aimés.

Les juges en se regardant : — Voilà deux amants tendres ; dé-
lions-les ; marions-les, et qu'il n'en soit plus reparlé.

XII. Chansons diverses.

19. LA CHANSON DES QUENOUILLES.

A ta quenouille au ruban blanc, file, file pour ton galant la
chemise à plis qu'il mettra, bientôt quand il t'épousera.

A ta quenouille au ruban bleu, file, en priant bien le bon
Dieu, l'aube du vieux prêtre béni qui vous dira :—Je vous unis!

A ta quenouille au ruban vert, file la nappe à cent couverts
sur laquelle, de si bon cœur, nous boirons à votre bonheur.

A ta quenouille au ruban gris, file, file les draps de lit, pour
ta chambrette dont vous seuls, lui et toi passerez le seuil.

A ta quenouille au ruban d'or, file toujours et file encor les
béguins, langes et maillots, pour ton premier gros poupenot.

A ta quenouille au ruban roux, file un mouchoir de chanvre
doux qui servira à essuyer tes yeux quand ils voudront pleurer.

A ta quenouille au ruban noir, file, sans trop le laisser voir,
le linceuil dont, quand tu mourras, l'un de nous t'enveloppera.

20. LA LÉGENDE DE RENAUD.

Quand Renaud de la guerre revint, portait ses tripes dans ses
mains.

— Bonjour, ma mère. — Bonjour, mon fils. Ta femme est ac-
couchée d'un petit.

— Allez, ma mère, allez devant; faites-moi dresser un lit
blanc.

Mais faites-le dresser si bas, — que ma femme ne l'entende
pas.

Et quand ce fut vers la minuit, Jean Renaud a rendu l'esprit.

— Ah! dites-moi, mère, ma mie, qu'est-c'que j'entends pleurer ici?

— Ma fille, ce sont les enfants, qui se plaignent du mal de
dents.

— Ah! dites-moi, mère, ma mie, qu'est-c'que j'entends
clouer ici?

— Ma fille, c'est le charpentier qui raccommode le grenier.

— Ah ! dites-moi, mère, ma mie, qu'est-c'que j'entends chanter ici ?

— Ma fille, c'est la procession, qui fait le tour de la maison.

— Ah ! dites-moi, mère, ma mie, quelle robe mettre aujourd'hui ?

— Quittez le rose, aussi le gris, prenez le noir pour mieux choisi.

— Ah ! dites-moi, mère, ma mie, pourquoi me mettre en deuil ainsi ?

— Ma fille, il faut vous l'avouer, c'est Jean Renaud qu'est décédé.

— Ma mère, dit's au fossoyeux qu'il fasse la fosse pour deux, et que l' cercueil soit assez grand, pour qu'on y mette aussi l'enfant.

21. LES VOITURIERS DE MARINE.

Tant que dans l' grand Jura, des sapins il y aura ; nous viendrons au *Cheval-Blanc*, dîner pour notre argent. Qu'il pleuv', qu'il grêl', qu'il vent', qu'il tonne ; avec nos grands bœufs, nous sommes sur la route, soir et matin, le fouet en main.

D'la soupe et du bouilli, du lard et du rôti, du poulet, du jambon, pour nous n'y a rien de trop bon. Servez-nous vite, madame l'auberge, d' votre bon vin vieux, puis viendra la d'mi-tasse de bon café, et le pousse-café.

Quand nous sommes en chemin pour venir à Salins, nous prenons en pitié les pauvres laboureurs. Des routes toujours la marine tient le beau milieu, et d'un roi le carrosse ne la f'rait pas bouger d'un pas.

Quand le marchand de bois nous paie ce qu'il nous doit, avant de remonter, on pense à sa beauté Parlez-moi, pour aller en *blonde*, d'avoir l' gousset plein, et de faire à sa Rosalie, tout aussitôt un p'tit cadeau.

Qu'est-ce qu'a fait cett' chanson ? C'est Coulas d'chez Bousson, qui gagne très-bien son pain, à mener des rondins. Celui qui l'a faite est d' Villeneuve, de Villeneuv'-d'Amont. Qu' ceux qui n'la trouv'nt pas belle, essayent seulement d'en faire autant.

22. LA CHANSON DU CAPORAL.

Voici le joli printemps ! rique ! riquandaine ! Les poissons dansent dans l'eau, riquandaine, riquando !

Au bois chante le coucou, rique ! riquandaine ! et au champ le bergereau, riquandaine ! riquando !

— Ma belle, venez ce soir, rique ! riquandaine ! derrière le vieux sureau, riquandaine, riquando !

J'ai pour vous de beaux rubans, rique ! riquandaine ! des bijoux encor plus beaux, etc.

Après neuf mois bien comptés, arrive un chrétien nouveau...

Pour le père, dès longtemps, il courait par monts et vaux.

Quand la fille apprend cela, elle retourne au sureau.
Le lendemain on la voit qui pendait à ses rameaux.
Moi, son bâtard, me voilà la crème des caporaux.
Ne rêvant plus qu'au moyen, en défendant mon drapeau,
De devenir général, rique, riquandaine ! sans y trop laisser ma peau, riquandaine, riquando !

23. LE BEAU PAYSAN.

— Madam' l'hôtesse, est-il permis d'entrer dans votre auberge et de s'y restaurer ?

Refrain : — Entre ! entre ! beau paysan, mon mari est en campagne. Entre ! entre ! beau paysan ; mon mari n'est pas méchant.

— Madam' l'hôtesse est-il permis de souper à votre table, et de s'y goberger !

— Soupe ! soupe ! beau paysan, etc.

— Madam' l'hôtesse, est-il permis de coucher..... ..

— Couche ! couche ! beau paysan, etc.

— Madam' l'hôtesse, est-il permis de filer, au point du jour, sans bourse délier ?

— File ! file ! beau paysan ; mon mari est en campagne, file ! file ! beau paysan, mon mari n'est pas méchant.

24. LA CHANSON DU VAL D'AMOUR.

Qui veut ouïr une chanson? C'est d'une jeune demoiselle qui pleurait et qui soupirait, que son amant n'allait plus voir.

— Belle, je vous irais bien voir ; je crains de fâcher votre père. Permettez-moi d'ouvrir la tour. J'irai vous y voir nuit et jour.

— Bel amant, si vous y venez, j'y mettrai flambeau pour enseigne. Tant que le flambeau durera, jamais l'amour ne finira.

Le bel amant s'est embarqué, parmi les eaux, parmi les ondes, a mis le pied sur le bateau ; n'a plus vu ni ciel ni flambeau.

Le lac flottant l'a enlevé parmi ses eaux, parmi ses ondes. Le lac a repris son courroux, l'envoie accoster à la tour.

Quand la belle se réveilla, qu'elle mit la tête en fenêtre, regarde en haut, regarde en bas, et voit son amant au trépas.

— Cruelle chose que d'aimer, quand on n'a pas celui qu'on aime. Hier au soir j'avais un amant, je n'en ai plus présentement.

Je m'en irai parmi les bois, ferai comme la tourterelle. Je m'en irai finir mes jours comme mon amant ses amours.

De la pointe de mes ciseaux, percerai une de mes veines, et ferai couler de mon sang, pour ressusciter mon amant.

25. LE PÈRE A GRANVELLE.

— Qui très-toujours martelle ? (Pan, pata pan ! pan ! pan ! tard couchant, levant tôt.) C'est le père à Granvelle, le forgieux Perrenot.

— Or, dis-moi, sur l'enclume (Pan, pata pan ! pan ! pan ! tard couchant levant tôt ;) pourquoi donnant la lune (*au clair de lune*) tu frappes le marteau ?

— Si, faut-il que travaille (Pan, pata pan ! pan ! pan ! tard couchant levant tôt ;) pour que ma gaieté vaille, car gaieté c'est mon lot.

Nicolas (*le cardinal*) fasse richesse (Pan, pata pan ! pan ! pan ! tard couchant, levant tôt ;) pour moi c'est grand'liesse ; mais point ne veux repos.

Nicolas aim' son père (Pan, pata pan ! pan ! pan ! tard couchant, levant tôt ;) il veut, pour ne rien faire, que j' quitte le marteau.

Le quitter ! Dieu m'en gare ! (Pan, pata pan ! pan ! pan ! tard couchant, levant tôt ;) mon marteau, j' vous déclare, l'ai deû (*depuis*) qu'étais marmot.

Nicolas prenn' son frère, (Pan ! etc.) pour l'ôter de misère et fair' porter manteau.

Moi, ne veux qu' mon enclume, (Pan ! etc.) point ne veux la fortune. Pauvreté, c'est mon lot.

Content suis quand martelle, (Pan ! etc.) quand vois les étincelles, et qu'ois (*que j'entends*) les coups d'marteau.

J'aime Ornans, ma bonn' ville, (Pan ! etc.) et ma blanche Loue, qui file comme un cheval au galop.

Battons ! ferrons sans cesse, (Pan, pata pan ! pan ! pan ! tard couchant, levant tôt ;) car, c'est joie et liesse du forgieux Perrenot.

Il est singulier que l'époque, relativement peu éloignée, où nous appartenions à l'Espagne, n'ait pas laissé de trace dans nos Noëls et dans nos chants populaires. La chanson du *Père à Granvelle* est jusqu'ici la seule à ma connaissance qui déroge un peu à ce mutisme général, et encore ! Cette chanson a bien un peu l'air d'un croc-en-jambe donné aux prétentions aristocratiques qu'elle semble vouloir imputer à crime au cardinal, aussi est-elle fort mal vue à Besançon. Je la donne telle quelle comme morceau littéraire d'assez belle facture, et non comme document historique. Aux experts la discussion.

26. LA VIEILLE DE MORTEAU (DOUBS).

A Morteau est une vieille qu'a passé quatre-vingts ans. La bribrambran brambran, la vieille, qu'a passé quatre-vingts ans, la bribrambran !

Jean Droguet qui la courtise, crut qu'ell' n'avait pas vingt ans. La bribrambran, brambran, la vieille, crut qu'elle n'avait pas vingt ans, la bribrambran.

— Jean Droguet, si tu m'épouses, tu seras riche marchand. La bribrambran, etc.

Tu auras quatre-vingts vaches et autant d'argent vaillant. La bribrambran, etc.

Il lui regarda dans la bouche, il n'y trouva plus qu' deux dents, etc.

L'une faisait crique croque ! l'autre faisait tout autant, etc.

Il lui regarda dans l'oreille, la mousse poussait dedans, etc.

Le mardi se fit la noce, l'mercredi l'enterrement, etc.

27. LES FILLES DE VESIGNEUX (DOUBS).

A Vesigneux l'aimable lieu, il y a des filles tant qu'on en veut, des p'tites et des grandes, qui voudraient bien se marier. Personne ne les demande.

Les filles se sont rassemblées. Une lettre ell's ont composée, l'ont portée à la messe. — Tenez, tenez, Monsieur le curé, publiez cette lettre.

Le curé n'y a pas manqué. Cette lettre il a publié : — Garçons, faites réjouissance ! car vous serez tous mariés. Les filles vous demandent.

Les garçons, entendant cela, se sont mis à rire aux éclats, en se tordant la panse :—Non, non, merci, Monsieur le curé. Merci d'la préférence.

Les filles se sont regardées et se sont mises à pleurer : —Maudits soient le papier et l'encre, puisque, quoiqu'on fasse aujourd'hui, rien ne nous avance.

28. LE TESTAMENT DE L'ANE.

En revenant de St-Martin, de la foire aux ânes. L'âne est tombé dans le fossé, hélas ! hi ! hi ! hélas ! hi ! hâ ! La pauvre bête est morte.. hi ! hâ !

Tous ses p'tits ânons ont couru : — Maman, êtes-vous morte ? —Oh ! non, oh ! non, mes p'tits ânons, hélas ! hi ! hi ! hélas ! hi ! hâ ! je parle bien encore.. hi ! hâ !

— Voulez-vous faire un testament ? N'en voulez-vous point faire ? — Oh ! oui ! oh oui, mes p'tits ânons, hélas ! hi ! hi ! hélas hi ! hâ ! allez chercher l'notaire, hi ! hâ !

Quand le notaire fut venu, avec son écritoire : — Je donne à mes petits ânons, hélas ! hi ! hi ! hélas ! hi hâ ! mes patt' et mes oreilles. hi hâ !

Je donne ma peau au tambour pour battre la retraite, je donne ma queue au curé, hélas ! hi, hi ! hélas ! hi hâ ! pour donner l'aspergès.. hi hâ !

Je donne à Monsieur le notaire, mon .... pour boire. Quand il aura bien bu dedans, hélas ! hi hi ! hélas ! hi hâ ! s'en f'ra une écritoire, hi hâ !

29. LA PETITE MARIANNE.

Quand elle s'en va-t-au moulin, le nez au vent et l'œil mutin, la petite Marianne, ell'monte sur son âne, en allant au moulin drelin din din !

Le meunier la voyant venir, de rire ne peut se tenir : — Ma petite Marianne, attachez là votre âno, à la port'du moulin, drelin din din !

Pendant que le moulin tournait et que l'meunier la chiffonnait, la petite Marianne, le loup a mangé l'âne, à la port'du moulin, drelin din din !

— Ah Dieu ! que vais-je devenir ? si chez nous on voit revenir la petite Marianne, sans ramener notre âne qu'est venu au moulin, drelin din din !

— J'ai cinq écus dans mon gousset, laissez-en deux, prenez-en trois, ma petite Marianne; pour racheter un âne, au retour du moulin, drelin din din.

Son père la voyant venir, de pleurer ne put se tenir : — Ma petite Marianne, ce n'est pas là notre âne qu'est allé au moulin, drelin din din !

Le nôtre a les quatre pieds blancs et les oreilles redressant, ma petite Marianne, ce n'est pas là notre âne qui revient du moulin, drelin din din !

—Père, c'est bientôt la saison que les bêtes changent d'toison, dit petite Marianne, ainsi a fait notre âne, en rentrant du moulin, drelin din din !

30. LA VIOLETTE.

J'ai un long voyage à faire; je ne sais qui le fera, ce sera rossignolette qui pour moi fera cela. *Refrain* : La violette double double, la violette doublera.

Rossignol prend sa volée, au palais d'amour s'en va. Trouvant la porte fermée, par la fenêtre il entra. La violette double, etc.

Il voit trois messieurs à table, trois dames entre leurs bras. Fit trois belles révérences et devant eux s'avança. La violette double, etc.

— Bonjour l'une, bonjour l'autre, bonjour belle que voilà. C'est votre amant qui demande que vous ne l'oubliiez pas. La violette double, etc.

—Quoi! mon amant me demande, que je ne l'oublie pas ? j'en ai oublié bien d'autres; j'oublierai bien celui-là. La violette double double, la violette doublera.

31. J'AI FAIT UN RÊVE.

J'ai fait un rêve cette nuit que ma mie était morte.

Je vais chez elle lui porter un frais bouton de rose.

— Belle, je vais m'y marier. Viendrez-vous à mes noces?

— La femme que vous épousez est-elle bien jolie ?

— Elle n'est pas si jolie que vous, mais elle est bien plus riche.

— A vos noces je n'irai point, mais j'irai à la danse.

La couturière a donc coupé trois robes pour la belle.

La première de satin blanc, l'autre couleur de rose,

La troisième brodée en or pour fair'voir qu'elle est noble.

En la voyant paraître, on dit : — Voilà la mariée

— La mariée, je ne suis point, je suis la délaissée.

Tout en dansant un premier tour, elle change de robe ;

Tout en dansant au second tour, en met encore une autre.

Tout en dansant au troisième tour, la belle tomba morte.

Elle tomba du côté droit, l'amant du côté gauche.

Tous les gens qui étaient présents s'disaient les uns aux autres :

— Voilà le sort des amoureux qui en épousent d'autres.

32. PAYSAN, DONNE-MOI TA FILLE.

— Paysan, donne-moi ta fille, et voilà tout ; donne la moi en t'y priant, tu m'y rendras le cœur content, et voilà tout !

— Ma fille, elle est trop jeunette, et voilà tout ; elle est trop jeune encore d'un an, faites l'amour en attendant, et voilà tout !

— L'amour, je n'veux plus faire, et voilà tout Garçon qui fait l'amour longtemps risque fort à perdre son temps, et voilà tout.

33. EN REVENANT DE LA FOIRE.

En revenant de la foire, de la foire de mon pays, j'ai rencontré z'une femme qui battait bien son mari. *Refrain* :—Tu ris, tu ris bergère, ma bergère tu ris.

J'ai rencontré z'une femme qui battait bien son mari. Je lui dis : — Méchante femme, pourquoi le bats-tu z'ainsi. Tu ris, etc.

—Je le bats et le veux battre, de moi parc'qu'il fait mépris.

Il s'en va tout par la ville, disant qu'j'ai des favoris.

Oui, j'en ai ; eh bien, quand même, le vieillard en vaut-il pis?

Au diable les sottes bêtes, sottes bêtes de maris.

Qui sont jaloux de leur femme. Pourquoi donc en ont-ils pris ?

Je voudrais qu'tous les vieux hommes soient de bons chapons rôtis,

Et que toutes les vieilles femmes soient des caills'et des perdrix.

Et que toutes les jeunes filles soient mariées à leur plaisi.

Y en a dans la compagnie, qui ne diraient pas: nenni.

Si vous voulez les connaître, regardez celle qui rit.

N'la r'gardez pas trop en face, de crainte qu'ell'rougi..

34. LE GROS MOINE.

C'était un gros moine qui d'amour vivait; s'en fut vers sa mie qu'est au coin du tantirlir; qu'est au coin du vouichte en vouichte ; qu'est au coin du bois.

S'en fut vers sa mie qu'est au coin du bois. — Qu'avez-vous la belle que tant son tan tir lir! que tant sou vouichte en vouichte ! que tant soupirez ?

Qu'avez-vous, la belle, que tant soupirez ? — J'ai cinq vaches à traire et j'ai mal au tan tir lir, et j'ai mal au vouichte en vouichte, et j'ai mal au doigt.

J'ai cinq vaches à traire et j'ai mal au doigt. — Que me donn'rez-vous, belle, et je les tan tir lir ! et je les vouichte en vouichte, et je les trairai ?

Que donnerez-vous, belle, et je les trairai ? — Un baiser d'ma bouche, deux si vous tan tir lir, deux si vous vouichte en vouichte ; deux si vous voulez.

Un baiser d'ma bouche ; deux si vous voulez. Le moine bien vite prit le seau du tan tir lir, le seau du vouichte en vouichte, prit le seau du lait.

Le moine bien vite prit le seau du lait, va trouver Grivelle, qu'est au coin du tantirlir, qu'est au coin du vouichte en vouichte, qu'est au coin du bois.

Va trouver Grivelle, qu'est au coin du bois. — Tourne-toi, Grivelle, donne-moi ton tantirlir, donne-moi ton vouichte en vouichte, donne-moi ton lait

Tourne-toi, Grivelle, donne-moi ton lait. Mais Grivell'fut leste à jouer du tantirlir, à jouer du vouichte en vouichte, à jouer du pied.

Mais Grivell'fut leste à jouer du pied, et jeta le moine, tout au coin du tantirlir, tout au coin du vouichte en vouichte, tout au coin du bois.

55. LA CHANSON DE LA SCIE.

— Beau scieur dont la scie active et blanche danse au courant de l'eau de ton moulin, que prétends-tu faire de cette planche, en si beau bois de chêne ou de sapin ?

— J'en prétends faire un berceau pour l'enfance ; un bois de lit pour les nouveaux époux. Pour le marin, un bâtiment immense ; un coffre-fort pour l'usurier jaloux.

J'en prétends faire un pétrin où travaille le boulanger, et sa pelle à michon ; j'en prétends faire une grande futaille pour le bon vin du joyeux vigneron.

J'en prétends faire aux amateurs de danse sur la pelouse un joli violon ; au cabaret, pour les jours de bombance, les bancs et tables où nous nous installons.

J'en prétends faire, aux prisons, une porte, et pour l'église, une chaire à prêcher, avec un grand confessionnal d'où sorte le pénitent lavé de ses péchés.

J'en prétends faire, à mon moulin, des ailes ; un beau dressoir aux plats à grandes fleurs ; et pour la Mort qui vient, mesdemoiselles, un cercueil noir en blanc jaspé de pleurs.

36. SAINT NICOLAS.

Il était trois petits enfants qui s'en allaient glaner aux champs.

S'en vont un soir chez un boucher : — Boucher, voudrais-tu nous loger ?

— Entrez, entrez, petits enfants. Il y a de la place assurément.

Ils n'étaient pas sitôt entrés que le boucher les a tués.

Les a coupés en p'tits morceaux, mis au saloir comme pourceaux.

Saint Nicolas, au bout d'sept ans, saint Nicolas vient dans ce champ.

Il s'en alla chez le boucher : — Boucher, voudrais-tu me loger ?

— Entrez, entrez, saint Nicolas, il y a d'la place, il n'en manqu'pas.

Il n'était pas sitôt entré qu'il a demandé à souper.

— Voulez-vous un morceau d'jambon ? — Je n'en veux pas, il n'est pas bon.

— Voulez-vous un morceau de veau ? — Je n'en veux pas, il n'est pas beau.

Du p'tit-salé je veux avoir, qu'il y a sept ans qu'est dans l'saloir.

Quand le boucher entendit c'la, hors de la porte, il s'enfuya

— Boucher, boucher, ne t'enfuis pas ; repens-toi, Dieu te pardonnera.

Saint Nicolas posa trois doigts dessus le bord de ce saloir.

Le premier dit : — J'ai bien dormi. Le second dit : — Et moi aussi.

Et le troisième répondit : — Je croyais être en paradis.

37. LES COURIAUX DE VUILLAFANS.

Messieurs, mesdames, vous plaît-il d'écouter une complainte qui a été racontée ? Une Notre-Dame qui avait le cœur dolent, quand elle vit qu'on lui eût pris son enfant : — Traître Judas ! Tu l'as mis au trépas !

A la lanterne, le soir, il fut mené. Pleurez, pleurez ! femmes, filles et enfants ! pleurez la mort de mon fils Jésus-Christ, qui est mort en croix pour nous sauver la vie.

Messieurs, mesdames, puisque nous sommes ici, donnez des œufs, nous dirons un *de profundis* ; que le bon Dieu vous mette en paradis.

A Vuillafans, les enfants de chœur s'appellent des couriaux. Pendant la semaine sainte, ils font la quête des œufs par le village, en chantant à toutes les portes les strophes ci-dessus, qui sont certainement fort anciennes. La quête des œufs est pratiquée dans beaucoup de provinces de France, et sans doute aussi dans beaucoup de nos localités.

38. LA PRISE DE NAMUR.

— Bonjour, Namur et ton château ; rare beauté, rien n'est si

beau. Je te salue, charmante ville ; je veux t'avoir dessous ma loi.
Rends-toi, Namur, rends-toi-z-à moi.

— Qui êtes-vous qui me parlez, et de si près me caressez ?—
Je suis le général de Frrrance ! qui veut t'avoir dessous sa loi.
Rends-toi Namur, rends-toi-z-à moi.

— Général, sois moins fanfaron, j'ai de la poudre et du canon.
Tu n'auras pas ma citadelle. Le roi de Prusse est mon ami. Il va
venir me secouri.

— Puisque c'est là ton dernier mot... Sonnez ! trompettes, à
l'assaut ! sans fascines et sans échelles, le sabre aux dents, mes
grenadiers ! rira bien qui rira l'dernier.

— Grand roi de Prusse, où êtes-vous ? hélas ! hélas ! secourez-
nous ! Les Français sont aux palissades ; les grenadiers, dans les
fossés, sont comm'des lions déchaînés.

Ah ! nous voyons bien qu'il le faut ! Français ! Français ! cessez
l'assaut ! Grâce ! nous vous demandons grâce ! dès aujourd'hui
nous nous rendons au pouvoir de la nation.

Il me manque ici quelques dignes échantillons de
nos chansons de *conscrits*, qui jouent cependant un
grand rôle dans notre poétique populaire.

39. VERDURON, VERDURETTE.

Quand j'étais chez mon père, petite Jeanneton, on m'envoyait
à l'herbe, à l'herbe et au cresson. *Refrain* : — Verduron, verdurette ! verduron don don !

La fontaine était creuse et j'ai tombé au fond ; sur le grand
chemin passent trois chevaliers-barons. Verduron, verdurette, etc.

— Que donn'rez-vous, la belle, nous vous retirerons ? — Re-
tirez-moi, dit-elle, après ça, nous verrons. Verduron, verdurette, etc.

Quand dehors fut la belle, s'enfuit à la maison ; se met à la
fenêtre et chante une chanson. Verduron, verdurette, etc.

— Ce n'est pas ça, la belle, que nous vous demandons. C'est
votre petit cœur, si nous le méritons. Verduron, verdurette, etc.

— Mon petit cœur, dit-elle, n'est pas pour un baron ; mais
pour mon ami Pierre ; Pierre, c'est mon mignon. Verduron, Verdurette ! Verduron, don don !

40. LA CHANSON DU CHARBONNIER.

C'était un charbonnier, plus noir qu'une écritoire (bis), qui
courait par le monde, en vendant son charbon, avec sa banne et
son ânon.

Si son teint était noir, ses dents étaient bien blanches, et sa
mine si franche, que quand on le voyait, tout le monde lui
souriait.

Une dame un beau jour lui dit : — Combien ta banne ? —
Hélas ! ma belle dame, je la vends trois écus, et mon déjeuner
par dessus.

— Mon gentil charbonnier, reprend la belle dame, amène-moi ta banne. Je payerai trois écus, et ton déjeuner pardessus.

— Mon gentil charbonnier, ta femme est-elle jolie? — Hélas! ma belle dame, pas si jolie que vous, car mon charbon la noircit tout.

Quand l'argent fut compté, bien rangé sur la table; — Hélas! ma belle dame, ramassez votre argent; un doux baiser me rend content.

41. JEAN GUILLERI.

— Jean Petit, Jean joli, Jean Guilleri mon ami, que feras-tu quand je serai morte, dis-le moi, dis?

— Je me marierai bien vite, mère, je vous le dis; croyez-vous pas que je resterais garçon? oh! que nanni!

— Et qui prendras-tu pour femme, Jean Guilleri, mon ami, et qui prendras-tu pour femme, dis-le moi, dis?

— Je prendrai la bergère des vaches, mère, je vous le dis; croyez-vous que je prendrais une princesse? oh! que nanni!

— Et quelle belle robe lui achèteras-tu, Jean Guilleri, mon ami, et quelle belle robe lui achèteras-tu? dis-le moi, dis?

— Une robe de vieux droguet, mère, je vous le dis; croyez-vous que j'allais lui en donner une de soie? oh! que nanni!

— Et quel bonnet lui achèteras-tu, Jean Guilleri, mon ami, et quel bonnet lui achèteras-tu? dis-le moi, dis?

— Une vieille *caule* de futaine, mère, je vous le dis; croyez-vous que j'allais lui en acheter une de dentelle? oh! que nanni!

— Et quels beaux bas lui achèteras-tu, Jean Guilleri, mon ami, et quels beaux bas lui achèteras-tu? dis-le moi, dis?

— Des gros chaussons filés d'ortie, mère, je vous le dis; croyez-vous que j'allais lui en donner de filoselle? oh! que nanni!

— Et quels souliers lui achèteras-tu, Jean Guilleri, mon ami, et quels souliers lui achèteras-tu, dis-le moi, dis?

— Des gros sabots de foyard, mère, je vous le dis; croyez-vous que j'allais la mettre en escarpins? oh! que nanni!

— Et quelle chemise lui achèteras-tu, Jean Guilleri, mon ami, et quelle chemise lui achèteras-tu, dis-le moi, dis?

— Une grosse chemise de toile d'étoupes, mère, je vous le dis; croyez-vous que j'allais lui en donner de batiste? oh! que nanni!

— Et dans quel lit la mettras-tu, Jean Guilleri, mon ami; et dans quel lit la mettras-tu, dis-le-moi, dis?

— Sur une paillasse de gros *cheneveuilles*, mère, je vous le dis; croyez-vous que j'allais la mettre dans un lit de plume? oh! que nanni!

— Et quel fricot lui serviras-tu, Jean Guilleri, mon ami, et quel fricot lui serviras-tu, dis-le moi, dis?

— De la soupe à l'ail, mère, je vous le dis; croyez-vous que j'allais la nourrir de poulet? oh! que nanni!

— Et si elle meurt, que feras-tu, Jean Guilleri, mon ami, et si elle meurt, que feras-tu, dis-le moi, dis?

— J'en prendrai vite une autre, mère, je vous le dis; croyez-vous que j'allais m'en casser la tête? oh! que nanni!

La chanson de *Jean Guilleri*, très-répandue en Franche-Comté, se psalmodie sur le ton des psaumes que l'on chante à Vêpres le dimanche, ce qui la dispense de tout respect pour la mesure et la cadence.

XII. Chansons patoises.

42. LA LIAUDINNA. (BRESSE ET SAINT-AMOUR).

Quand z'er amo de ma Liaudinna, ran ne manquove à meu dèsi. Seu pinne (*ses peines*) fassant bin ma pinna; seu plaisi éran meu plaisi. No se (*nous nous*) disans desso le sauzou (*saule*), que no se n'amerans torzor (*toujours*). Vore (*à présent*) le me laiche (*laisse*) per n'autrou. Alle eublayo neutres amors.

Dray (*dès*) lo matin, à la prailia (*prairie*), no menovans neutres mautons (*moutons*). Z'éra cheto (*assis*) pré de ma mia. Le comminchove ena canson (*chanson*); pit, apré cantie (*chanter*), no danchovans (*dansions*) en no tenant tui deu la man. De plaisi lou mautons chautovant (*sautaient*). Vore, ne vin po maï (*elle ne vient plus*) yan camp.

L'a lou piad menion (*mignon*), le man blancos; lou pa (*poil, cheveux*) torzo bin trenato (*tordu comme il faut*). L'est draita, prema (*pincée*) sur les ances (*hanches*), et, ma fei, bravament mendo (*accoutrée*). L'a lou zu (*les yeux*) nais drait coment d'en-crou (*noirs comme de l'encre*). Le dents blanches comme on papie. Le rozaye (*elle rougit*) drait comme on cambrou (*écrevisse*); ma per n'autre est brave uzordi (*attifée*).

L'a maï (*plus*) d'esprit quo lou Raï (*roi*) mémo; per ma, z'en sai tot èbobi. Alle vo parle avoé tant d'aimo. L'in fa verié (*elle en fait tourner*) la tête à tuis. L'est revelia (*réveillée*) comment na ratte (*souris*). Le çante comme on rossigneu; ma le mo méprije, la çatte (*chatte*); de n'autrou le fa le bonheu.

Tuis lous sas (*soirs*) so lo mémo sauzou, ô no zin tant dancha tui deu; te vindrai solet (*seulet*) peuvre Liaudou; te vindrai pleuro ton malheu. Tot lo mondo sara (*saura*) ta pinna; te canteri tant que lo zor (*jusqu'au jour*). Po maï ne m'ame ma Liaudinna; per ma ze l'amerai torzor.

43. Ô VIOULETTE! (ENVIRONS D'ORNANS.)

I o n'ousé darrie chie nous que dit tous lâs jous, dans son bé raimaige, (ô vioulette!) qu'i veut s'envoulâ.

Pou in bé maitin, prit son âvoulâ. Su n'branch' d'olivie (ô vioulette!) s'olla repouesâ.

Lai branche état soicho; l'ousé est tombâ. I a demanda (ô vioulette!) : — T'és-te bin fa mau?

— I m'seu cassâ l'aule et lou bout di bec, et lou bout di bec. (ô vioulette!) qu'ost tout empoukia.

Voiki lou printemps. Qu'i fa bon chantâ, quand las amoureux
(ô vioulette!) bettant lou païvâ.

I vant vâ las filles. Ç'ost pou i en contâ. Las filles sent fines (ô
vioulette!) savant li palâ.

Elles ieux disant : — Mouchaz vouete naz; pannaz vouete
gorge (ô vioulette!) qu'ost toute ennaiquâ.

Elles ieux disant : — Boukiaz vos soulâs. Basie lo tiquiotte
(ô vioulette!) ne r'veni jaimâs.

44. AVANT LA NOCE (ENVIRONS DE SALINS).

— Eh! bon dzou donc, mâtre Dzan, dzaï ovant! et touto le
compagnie. I vénieu vous demanda, si vous plâ, lo plus belle de
vos feilles.

— Eh!.., loqueno vouillaz-vous? ditas-nous; de lo grand ou
d'lo petiote? — I ne veuillou point de c'lo grand; l'est troue
grand; non plus de c'to tant petiote.

I veuillou cto du moitan, vitoment; i o longtemps que c'est
ma mie. Comben li beilleraz-vous? ditas-nous, pou son dzouli
troutselaidze?

—Z'li beillera cent ècus, ran de plus. On beffot et no filotte.On
tsâ o quotrou tsevaux, dza! huo! pou li mouner son bogaidze.

Et no tsarieu de bues blancs, dzaï ovant! pou li loboure sès
tarres; et no bouno vâtse nère, touto fraitse, ovoué son viau bri-
goulé.

Z'li beillera, pou so pâ, on gô de là; on goudet de bouno
boidze; et no couvio de pussins, trente-cin, pou lo bouté en
ménaidze.

44. APRÈS LA NOCE (BORDS DE L'OIGNON).

Mon père me mairie dans ne mâchant saison, me beille en mairiaige, quaitre pies de cresson. Mon paure mairiaige vait tout à
lai requelon.

I mo beille un veillo houmme qu'éta un veill'brondon. I li ti-
roue lai bârb ; i li piquo las tolons. Mon paure mairiaige vait
tout ai lai requelon.

I me beille un chalit (bois de lit) qu'état quaitre bôtons, et
quant ai lai fondrére (paillasse), c'état das brequillons. Mon paure
mairiaige, etc.

I me beille das lanciaux qu'étint das pés d'ourson. Quand i
vouillô m'âtendre, m' piquant l' dos tout du long. Mon paure
mairiaige vait tout ai lai requelon.

46. LES TROIS FEMMES DE LONGCHAUMOIS (JURA).

Nos irons (étions) bin trais quemârès dè Rosset (hameau) lantirelire! trais quemârès dè Rosset, lantire lantantet!

Nos allérons à la faire, à la faire à Lontsamais, lantirelire! à
la faire à Lontsamais, lantire lantantet!

Nos dîgerons (dînes) l'euné à l'atra : — Quemârès, nos ans

7

grand sai (*soif*), lantirelire! quemârès nos ans grand sai, lantire lantantet!

Nos medzarons tout euna vatche et on cayon (*cochon*) de nu mais (*9 mois*), lantirelire! et on cayon de nu mais, lantire lantantet!

Nos bèvèrons quatogès pintès, quatogès pintès et on tsavé (*chaxveau*), lantirelire! quatogès pintès et on tsavé, lantire lantantet!

Què vant dirè neutros hoummes, de no s vai soulès lès trais? Lantirelire! de nous vai soulès lès trai . Lantire lantantet!

I z'y avait la Marietta, la fenna à .. u Moret (*Pierre Morel*), lantirelire! et pois la Barbe Crutset (*Cruchet*), lantire lantantet!

Le métier de collectionneur a ses épines. Voici une chanson *montagnonne*, *le sacristain de Montperreux*, sur les bords du lac de St-Point, qui se chante dans tout l'arrondissement de Pontarlier. Bien que le patois, lui aussi, brave l'honnêteté dans les mots, force m'est d'escalader quelques expressions au moyen de points suspensifs. On m'avait p. nis, du même auteur, la chanson du *charbonnier*, mais je ne l'ai pas encore reçue, non plus que diverses chansons patoises de Plâne sur Poligny, de Claivaux, et Septmoncel (Jura), de Pesmes et Fougerolles (Haute-Saône).

47. LE SACRISTAIN DE MONTPERREUX.

I o tsi Nicod o Paris, on bon gaçon noummè Louvri, et tai son onkiou de Tsaudron (*Chaudron, village*) ètat en hoummo de renom. Son soubriquet est Sovoyen. C'est en ovarcheu (*avare*) citoyen.

Eccutèz! i vais vous contaie ça qu'o Montparreux li est orvaie (*arrivé*). De long tain l'ovat lou d..... C'est on vèritaiblou tourmat. Ça lou prat o lo sacristi, das sès fonctions de Lméni (*allumeur, sacristain*).

Par on biau deménou (*dimanche*) matin, on vouilla purgi Sovoyen. Dès grezèlès (*groseilles*) c'ètat lou tain (*temps.*) I s'y fourro; s'en bourro bin, et en passant faf(*hors*) du conti (*jardin*), l'ollo drat o lo sacristi.

De Montparreux o Mauboisson (*Malbuisson*), on ollève en procession. On conxrève lo sèti (*sécheresse*). Lu ètat o lo sacristi, qu'ovat tant fauto (*besoin*) de f..... que das on b'ffet l'ollo r.....

Tandis qu'on ètat o prèdsi, lu copève lou pan béni. Son ventrou se met o grougni, et putet (*et puis*) lu de trepègni. So médeceno vouilla o....., et ne pouilla pès se stai (*s'asseoir*).

I n'y èrat (*avait*) pès d'autrou mayen: Vayas va (*Voyons voir*)! se dse Sovoyen, se cto poite (*porte*), pouilla s'uvri, pou, par hic, *(par là)*, faire mês aineri... Mais i faisct enne tr...., q'au bais de l'eillèse *(église)* ç'ollo.

I cudo *(pensa)* vitou dèroutsi *(tirer en bas)* en encensoir pou fair' du bruit, mais çaric *(celu)* lou dèsojusto. O vau sés tsaucés *(ses bas)*, i f...., et pu, i prend pour se t.... lo sarvietto du pan beni.

Lou prête *(prêtre)* que chantat *(sentait)* se mau, tsarso *(chercha)* tant qu'i trouvo le niau *(nid)*. I dse u Lméni : — C'est gros mau faie, dans lou tue *(lieu)* saint, d'ova r.... Lu répondot: — Pès se co.....! c'est lès enfants de Mauboisson.

L'empoisenève ! on n'y tniat pès, quand lou pan l'ollo distribuè. Tsaicon se sarrève lou néz, et lès femèles de se bussè *(pousser)*. Lu desat : — Qu'est-ce que veut dre cto feilie! Pou cui *(tous)* i en o das lo crebeille.

— Pou cto va *(cette fois)* dse l'abbé Germain, c'est Sovoyen lou sacristain; que ne dse pès, lou gros co... que c'est lès ptets de Mauboisson, et que n's'ovsa pès d'y reveni. I lou destituon de Lméni.

Vers la source de la Loue, on chante, en vingt-trois couplets, la chanson des *chantres d'Athose*, nomenclature bouffonne des gens du pays qui se distinguent par leurs grimaces au lutrin de la paroisse. Citons-en quelques couplets. A la facilité avec laquelle ces choses-ci se perpétuent et se propagent de mémoire, on peut comprendre à quelle famine littéraire est réduite souvent l'imagination du peuple, et avec quel empressement, elle s'assimilerait des produits de bon aloi mis plus généreusement à sa portée.

48. LES CHANTRES D'ATHOSE.

Las chanteus d'Athoset, c'ast tous das rélas *(braillards)*. L'ant ne peute modet de dinque *(ainsi)* bolâ *(béler)*. I chaffant *(écument)*, i bovant, i palant di nâz, et peu i bacrellant *(chevrottent)* .. Oh ! las sots gueulas!

Girardot qu'entouenne dévô ci Cédo. Lai vilaine trougne qu'i fant tous las dot! L'ant lou mâmou railliou *(cri)* et lai mâme voix que ctaqui das ânous que sont dans Arbois.

Voilà ct'autre emplâtrou d'chie Coulot Louis. Oh! lou vilain mâlou! ci menton de bouis, i montre ne gueule, das dents de singlâ *(sanglier)* ; on dirait qu'i veuille tretu engoulâ.

Ce n'ast pas ne mentet *(mensonge)*, Maithue *(Mathieu)* d'chie Colis, crie quement ne fannet que vai siccouchie. Qué dèplaisi d'être dedaus ci saibbait. I n'y ai ran de pé *(pire)* que d'ouï ças chaits.

Oh! que Laws te foute! ctu qu'ast di Bélue *(Bélieu, village des environs)*, l'ast là que craichotte... qu'ai-t-u pau de misse *(peu d'esprit)*! I semble, en l'oyant *(entendant)*, in poulin que nisse *(hennit)* et cherche sai dam *(sa mère)*.

Se Son Emminence en ére *(était)* aivoiti, i foirait dafance, ai tous ças chaits qui, d'entra ai l'église et d'y vent chantà. Lai Vierge en vint *(devient)* grise, qu'ast dessus l'autà *(l'autel)*.

Monsieur S. F. Fallot, de Montbéliard (et non G. Jallot comme on me l'a fait dire page 17 ci-dessus), donne dans ses *Recherches sur le patois* (1828), entre autres chansons patoises, le morceau suivant :

49. CHANSON DE MONTBÉLIARD.

Ç'ast dans lai rue lai-ha *(là-haut)* que y e enne mason bianche. Lai fille qu'ast dedans ast belle et bin piaisante. Les aimoirux y vant po derrie et po devant.

Moi qui éto l'aimoiru, i entri po lai grand poetche ; trouvi tra bés golants qu'étint chètis *(assis)* de côte *(à côté d'elle)*. Me chieti chu *(sur)* in banc, faisant sembiant di rire.

I m'en olli à boe *(au bois)*, pou péssai mai coulére, trouvi di midiè *(muy tet)* bianc, en copi enne brance. Lo poutchi ai mai mie, ai mai mie dans sai tchambre.

— Teniz, mai mie, teniz, voilai nos ailliances. Votre cue *(cœur)* et lou min sont ailliés ensemble, et sont aivu *(été)* pesès chu lai djuste bolance qu'in pese l'oe et l'aurdgent.

50. LES VIGNERONS DE POLIGNY.

— Dze su on vegnèron, dze voudrais n'en pas être ion. Assiaôt qu'on voit biau, i faut soutchi de son bouniau *(réduit)*. La bise ou le vent cen n'y moine *(fait)* ran. I faut travailli, creuilli ou tailli, aveu dès vues lairots *(serpettes)* qu'écouòchant tous lès raitelots *(pampres recourbés en archets)*. On a biau les moulaè *(aiguiser)* ; on ne peut lès faire allaè.

— Que feries-te à l'houteau, quand t'as déblayé tès passiaux *(échalas)* ? C'est dans lès temps pressants que lès ouvris sont adzissants. Ais pouòtchès *(portes)* ouvrant, lès hommes, en passant, regaidjant tsu nos, disant : — Allins-nos ? Quoique dz'aè *(j'aie)* rèpondu, lès bigres n'ant ran entendu. Dz'ai biau lieu coure apraè, dze ne peux pas lès rattrapaè.

— Nos ins *(avons)* fà du brayon *(terre triturée)* pendant le temps dès layaisons *(liages de la vigne)*, crayant nos avancé ; nos allins souvent patassé. Quand même i pleuvait, toudze on patouillait. Nos ins tant brayi, quegni *(tassé)*, trepougni... i n'y a ran de padju. Nos le retrouvins bin audju *(aujourd'hui)*. Nos ins si bin plantaè *(foulée la terre)* qu'on ne peut pas la ravantaè *(la ravoir à coups de pioche)*.

— Te n'aès qu'on médisant. Cen n'arrive pas tous lès ans S'i faisait dès sètis *(sécheresses)*, te diries que c'est encouo pis. La yìr pai le sot *(sec)*, les avants *(osiers)* sont sots. Tous lès vues passiaux tombant pai mouchiaux *(morceaux)*, i faut se dèpatsi. On a tous lès degts écourtsis. Lequé vaut mue dès dots : — Le trop mao *(mou)* ou bin le trop sot ?

— De pouo (peur) d'ébouônaiy (abattre les bourgeons), nòs nos dèpatzans de laiy, pou vite allaè tapaè, maè nos sins bin attrapaès Tant de boletets (durillon) pai les gnouds dès doigts ! Lès bras et lès reins n'en soffrant pas moins. Qu ne se plaindrait pas ? Tantaôt trop du, tantaôt trop gras. Oh ! la maitsan saison que cella dés fosseraisons !

— Te crais t'être attrapaè, maè seris-te bin moins dupaè si te n'avies ran fa ! Lès autres t'airint falaquoè (fait la queue), Te fossureries, toudze dès daries (derniers), lès autres rirint et se mouquerint. I se dirint tretou : — Regaidje clu paressou! N'est i pas bin cagnaè (cagnard) de faire sès vegnès si taè (tard) ?

— Pou fini la dzougnan (journée), on tsartse au baru (baril) si n'y ə an (pas), on poue de cocouillon qu'on boit pour servi de mouillon. On prend sès zhaillous et sès bòqueillons (abatis). Y en a on quetsot (tas) qu'on crève desot. On va traïnant lès pies, savattant dans lès bourbies, quement dès efflanquaès que la misère a attaquaès.

— Cen n'est qu'on compliment. Je ne voudries pas autrument. Si on t'en avait pris, t'en airis bin pus grand dépit. Te diris : — Mon bao (bois) me coûte dès sao (sous); bigre, maintenant, on n'a ran pou ran. Celès loups de vouleus ! Tse dz'avais étaé dari lieux (eux), c'est laè (là) qu'on airait vu queu en airait le pus avu.

— En entrant à l'houteau, on se gonfle d'on bassin d'iau. On va pon s'astaè (s'asseoir), en demandant vite à soupaè. Y a su le touaillon (la nappe) du maitsand bouillon ; du pain cravassi, du boire pourri ; dès catouflès (pommes de terre) plumiès, ao bin dès faviolès (haricots) boingnès (échaudés) qu'on medze aveu son pain. Apraè, on va tsatsi (chercher) demain.

— Te n'ès ran qu'on gourmand que voudris toudze du pain blanc, et pu du bon fricot, maè ne dzamaè poïy l'écot. Vins voir aveu moi, travailli dot mois, te voirâs quement dze faè autrament. Quand dz'aè on bon mouchiau, dze n'en medze que cen qu'i faut pou qu'on ne dise pas que dze su on gargantua.

— Nos autres peurès dzens, nos n'ins pas toudze de l'ardzent. Voiqui notè voisins, lieu moilleu fricot, c'est du vin. Moi, mon pus pressant, le set (soir) en entrant, dz'empougne le pao (pot) pou y boire on cao. Apraè cen, le pain sot est saète (savoureux) quement dès cassots (noix). Dze faè on bon repas, maè que le vin ne manquè pas.

— Dzen qu (ce que) te ne dis pas : — Pou boire, i faut en avoi fa. Voilaè en Saint Savin (canton de vigne), on ravadze tous lès rasins; Irin (id.) et Mont-ousiaux (id), on prend lès pus biaux. Frabao (id.) et Devant (id.), on n'y laisse ran. Montmetchin et Pontot (id.), dze lès faè toudze à cinq lès dot (deux cinquièmes). On prend tous mès avants (osiers); quement veux-te que dz'alle avant (que je m'en tire) !

— Te n'ès ran qu'on benet. Te faè le loup pus graos qu'i n'est. Si on prend quéqu'ons (quelques-uns), le bin ne vint pas tout pou ion. On prend tout paitchou. On m'en prend aitou (aussi).

Qu les a medzies? C'est notès bardzies (*bergers*). I faut toudze tatsi de barbaè (*tondre les haies*) pou vite botsi (*clore*). Apraè, cen qu'on prendra, ne coûtera ran de voitura.

Voiqui tout.

Ce morceau prolixe et morose se chante sur l'air du roi Dagobert. Il fait peu honneur aux ressources inspiratives du vin de Poligny.

Après Jean qui pleure, nous allons entendre Jean qui rit. Parlez-moi des vignerons de Salins, ma ville natale, pour s'énorgueillir, et à bon droit, de leur noble métier !

La chanson suivante doit dater de plus d'un siècle. Ma chasse aux chants populaires aurait abouti à cette seule trouvaille, que je me déclarerais suffisamment récompensé. Dans toute la poésie moderne, si en quête de pittoresque, je ne connais pas de morceau bachique aussi alerte et franc de collier que celui-ci. Hélas ! qu'avons-nous donc fait du puissant éclat de rire de nos ayeux ?

51. LE VIGNERON DE SALINS.

Vegnerons de Solins, airie-vous l'oubligeance,
(*Du moins si c'est n'effet de voueto complaisance*),
D'entrouvri tant soit poue l'oureille et d'écouter
No peteto chanson que je vâs vous chanter.
    G'en est no du vue temps, mas que n'est pas tant bête.
Tant pus vieilles le sont, tant pus on iou fâ fête.
C'est tout kment pou le vin, sitoue qu'on s'y counnaît.
Cto-ci souô dès popies du bon papa Guignet.
    C'est en flairant oprés nouetès vielles rengaines,
Dont je voudrais sauver ce qu'on pourro, pou graines,
Que ctu chef-d'œuvre-ci m'o tombé sous la main,
Et je vous l'ouffre aujdhue, sans aittendre o demain.
    On ne sait pas lou nom de ctu que l'o rimée.
Le brave houmme tenait moins o lo renommée
Qu'au plaisi de chanter se n'hoûtte et son bigout,
En sublant au boret o tirelarigout.
    Voylus ! que pou lo saint Voinie, chaikion l'entounne
Dés lo rue du Couneux et le fond de Langounne
Jusqu'au faubou l'àmont, sans manquer, si vous plait,
De bien lever le coude oprés chaque couplet.

Quand du jou lo tikiotto (*le ticlet, la pointe*), lut opoine su lès tets, j'à jo tirie lo gueilto (*dousi, robinet*), et rempli gourde et boret (*baril*). J'à mis dans l'hoûtte mo peuche, mon foussou et mon ponie ; mo psache (*gibecière*) et un gô de mouche (*miche*) envoutillie (*entortillée*) du tablie.

Mâ sitoue que lo lemire, kmence o beillie au mon k'ssin (*coussin*), j'èbandenne mo chaumire. O lo neu ner' je revin, plein de foudche et de couraige. Pou plaire au père Bacchus, toujou on me voit en naige, ne trovoillant que pou lu.

En hivâ je pouoke tarre. En mars, je m'en vas teilli, J'prends mès posseaux (*échalas*). J'èls sépare, oprés cen, je m'en vâs leilli. En avril, quand je foussure, le bigout (*pioche à trois cornes*) entre lès dets, poi mo poine et mo vigure, j'fâs crêtre lès aippairiets (*bourgeons*).

Pou lobouré, j'me dèchausse, et quand j'à set (*soif*) je bois un coup. O tout chopon (*provin*) que je rechausse, o mon boret je dis bonjou. Lo foussero est aichevée; au tue-chat (*clôture*) vint le jambon, et mo conscience est lovée poi le meill'vin du canton.

En juin, je vâs émouchie; en juillet, fâr lo rbenó (*rebinage*); en septembre dètrainchie lès grands bourgeons de l'annô. En aittendant lès vouenninges (*vendanges*), je néteille mès tonneaux, et, pou que l'beau temps ne chinge, je prie Due vâ mès vosseaux (*cuves*).

Je répéte lo prière que n'ivrougne do bon sens, desait, en levant son verre, pou obteni le beau temps. Pris de no joie sans pareille, ce brave houmme desait : Bacchus! tu sais, pou chanté marveille, qu'i ne me faut que du bon jus.

J'entends le Due dès ivrougnes m'répondre : — Aittends un mouement; vous airez tous rouge trougne, ovant poue, certainoment. Ollins donc dezous lès treilles. Bacchus veut dès chants nouveaux. Trinquins et vudins bouteille, jusqu'o lo lie dès tonneaux.

Faut-n fâre lès vouenninges, vosseaux, houss', cuv', tout est prêt. Parents, amis, gens ètringes (*étrangers*), poukiant bouill', grios (*seilles*), boret. Lou boutt-can (*entonnoir*), l'ougrou (*égrainoir*), lo psache, seille-o-cou (*tine*) vite, chargins. C'est l'poukiou qu'ouvre lo marche; ollins keudre ctès raisins

Ollins, bellès vouenningeouses; chantins touto lo jouneau. Lès meill's ouvriers et chantouses, airant le biou (*pampre chargé de grappes*) le pus beau. Vite, vite, vouenningie! critet gaîment.—O poukiou! Renvitet-le ben chargie, fâte au vougrou (*égraineur*) : lou! cou cou!

Ne pollins pus dès vouenninges. Laissins-là tous lès grios. Quand j'embousse (*j'entonne*) ai gens ètringes, j'fâs gouter mès vins nouveaux. Puisque nous n'ins pus d'besougnes, buvins pou kioure l'annô; dans l'paradis dès ivrougnes, je veux être oprés mo mouô.

A Arbois, le *biou*, groupe de pampres chargés de raisins, est promené tous les ans en procession, le jour de la Saint-Just, patron de la ville. Le biou s'appelle aussi, à Salins, une chèvre, et une glane à Vuillafans. La vendange terminée, les enfants suspendent le biou au plancher pour le dépouiller pendant l'hiver.

Mon compatriote salinois, M. Max. Claudet, sculpteur de 22 ans qui, je l'espère, fera bientôt parler de lui, vient de célébrer aussi le biou à sa manière, en le mettant à la main d'une vendangeuse salinoise, laquelle, avec une série d'autres statuettes, le vigneron à la *bouille*, le vigneron aiguisant un échalas, le vigneron mangeant sa soupe, le faucheur appuyé sur sa faux, promet un vigoureux champion de plus, à la cause de l'art populaire.

———

En sus des documents indiqués ci-dessus, notre littérature franc-comtoise est représentée à la bibliothèque de Besançon par diverses poésies patoises, où je n'ai rien trouvé à reproduire ici :— I. Dialogue de Porte-Noire et Pilory (deux quartiers de Besançon), sur la prise de Besançon par les Français, en vers, 1668, huit pages. Pilory répond en patois.—II. La Jaquemardade, poème épi-comique, dialogue entre Jacquemard et maître Abraham, cordonnier, 1752, 54 pages. — III. Noël bisontin de la petite St-Vernier, 60 couplets, 1769, 24 pages. —IV. Recueil de Noëls, 33 morceaux français et patois de Besançon, 63 pages petit format. — V. L'arrivée en l'autre monde d'une dame habillée en paniers, la crinoline d'autrefois, poème patois de Besançon, 1745, 16 pages. — VI. Jacquemard joyeux du départ des Français, 4 pages en Français, etc., etc. Le patriarche des lettres franc-comtoises, M. Charles Weiss et M. Castan, son disciple, ont eu la bonté de mettre à ma disposition toutes les richesses de la bibliothèque de Besançon, avec une affabilité à laquelle je me fais un devoir de rendre hommage.

XIV. Goguenettes franc-comtoises.

Notre littérature populaire pourrait fournir ici un long chapitre, toutes nos localités ayant plus ou moins leurs goguenettes spéciales. Le Val des Usiers et le Val du Saugeais (Doubs), sont même privilégiés en ce genre.

Du Saugeais, en particulier, je n'ai obtenu que trois lambeaux de phrase. Les voici :

— Quand lès sadgeais fairant bin, lès lierous (*lièvres*) prendrant lès tsins (*chiens*). — Triz, vriz, kri la tsiera et lou tseri ! (*tenez, venez cherchez la chèvre et le cabri*). — Lieromont, lierava, lou diaibou les busse (*pousse*) tous à va (*en bas*).

Jeux de mots sur les habitants de Lièvremont, village du Saugeais. Tarcenay près Besançon, Les Four₂s près Pontarlier, Pretin près Salins, et beaucoup d'autres de nos villages ont ainsi quelques éléments de célébrité plus ou moins baroque. Les choses et les personnalités les plus saintes fournissent souvent le thème de ces plaisanteries traditionnelles, déjà familières, du reste, aux conteurs goguenards du seizième siècle. Rabelais et consorts ne puisaient pas à d'autres sources. Les siècles ont beau se succéder, le tréfonds des malices populaires reste à peu près toujours le même. Deux exemples suffiront comme indications. Le premier est un conte rédigé en patois de Clucy-sur-Salins, par mon ami, l'ex-professeur Daloz, naturel du pays. Le second est une anecdote attribuée au village de Tarcenay, mais que j'ai retrouvée appliquée aussi à plusieurs autres localités.

1. POURQUOI LES FEMMES ONT LA TÊTE DU DIABLE.

I z'y ovéve no vois Jésus-Christ et pu saint Pierre que se proumenéva su lo rivo de lo mer. Tout d'on cô, i veya lou diable et pu no founo (*une femme*) que se bottéva de l'autro rivo. Alors lou bon Dieu dit o saint Pierre : — Vo-t'a vitou me lès dècombottre (*séparer*) !

Voilà donc mon saint Pierre qui se depadze d'obèï o son mâtre, et kma i martzéve (*marchait*) ausse bin sur l'âgue que su lo târro, l'arrivo là da ra de ta (*dans rien de temps*) ; et pu, ma foi, kma i lès voit toudze de ple en ple annourtsis (*excités*) l'on contre l'autre, i ne fâ ne ion ne do (*ni un ni deux*) ; i tire se n'èpée et ieux côpe lo této. Là dessus, i s'en retoùdne kma se de ra n'était, và Jésus-Christ que l'aittendève, et i li raiconte kma lò fâ.

En entendant ça, voilà que lou bon Dieu se met en coulère, et li dit en topant du pie : — Mâ ! bougre d'innôcent ! i ne t'ovévou pas dit de ieux côpé lo této ! Pra—me bin vitou dzan que dèlodze, et vo-t'a, en mon nom, ieux remettre.

Voilà mon pôrou saint Pierre tout penou et so tio (*queue*) couïto que retrovâche ne secondo vois, et que se met en besougne de rèquemôder so niguedouilleri. Mâ l'ovéve no télo frette (*détresse*) et télomat coueto (*hâte*), tant l'ovéve pou que lou bon Dieu ne s'impatientisse, que lès uioux (*yeux*) li treboilléva (*tournoyaient*), se bin qu'i pra lo této de lo fonno qu'i met su lou coué du diable, et pu cto du diable qu'i met su lou coué de lo fonno... et voilà kma quai lès fonnès ant lo této du diable.

2. LE SAINT MARTIN DE TARCENAY.

Les gens de Tarcenay voyant leur saint Martin,
Leur saint Martin de bois, tout usé, tout déteint,
 Tout boiteux et difforme,
S'assemblèrent entre eux, et chacun fut d'avis
D'en commander un neuf qui n'eût jamais servi,
 Pour mettre après le vieux à la réforme.

Quand le saint Martin neuf survint de Besançon,
Chacun fut ravi d'aise, et, sans plus de façon
 Que pour un chien caniche,
On relégua le vieux sous quelque banc du chœur;
Puis, on n'y pensa plus... tant l'on avait à cœur
 De faire fête à l'autre dans sa niche.

Un jour, après midi, quand le monde est au champ,
Une vieille du vieux saint·Martin s'approchant,
 La prit d'un air affable,
Et s'écria : — Jésus ! Maria ! Pour un saint,
Vous avez-là vraiment un fichu traversin ;
 Bon saint Martin. Oh ! c'est abominable !

Allons, levez-vous donc ! Pardine ! encor faut-il !
Dieu ! que vous êtes lourd... mais soyez bien gentil
 Et moi je me fais forte,
De vous remettre en gloire et bien vous dorloter...
Ah ça ! mais, saint Martin, qu'avez-vous à frotter
 Mon vieux jupon guenilleux de la sorte !

Oh ! vous n'y pensez pas ! à l'église ! un vieillard !
A votre âge ! peut-on faire ainsi l'égrillard
 Avec les vieilles femmes ?
Ah ! ça ! laisseras-tu tranquille mon jupon ?
Non ! alors, tiens ! va-t'en au diable, vieux fripon !
 Jeunes ou vieux sont donc tous des infâmes.

Et le vieux saint Martin applatit, en tombant,
Son pauvre nez de bois contre le pied du banc,
 Malgré son innocence ;
Car le guignon voulait que l'on eût oublié
Au bout de son orteil un mauvais clou rouillé,
 Unique auteur de cette inconvenance.

Un récit patois depuis longtemps très-populaire
dans le Haut-Jura, c'est l'histoire du guerrier *Vise*.

lou-Bu, de Chapelle-des-Bois, à l'extrême frontière. Ce récit a pour auteur un abbé Blondeau, jadis curé dans ce village. Depuis longtemps j'en entendais citer de mémoire de longues tirades, quand le texte complet m'a enfin été fourni par M. le docteur Munier, de Foncine-le-Haut. Les détails de ce récit nous reportent aux campagnes du règne de Louis XV. Une de ses particularités les plus intéressantes, au point de vue littéraire, c'est la mise en relief assez vive du Roz et de l'Antoine de chez André, au moyen d'une simple dénomination. Il suffit que le nom de ces deux importants personnages traverse deux ou trois fois le récit, pour qu'on les voie, pour qu'on les connaisse de pied en cap, et qu'on ne les oublie plus. Ceci formera le seizième échantillon des variétés de patois représentées dans cette brochure.

3. HISTOIRE DE VISE-LOU-BU.

Vous vudrèïz savai si i ai sarvi lou Raï (*roi*) et quemet. Oh ! padé ! u vous lou conterai.

Quand ne pataidséret avoué mès onclious, ne restèret nous douax notrou Pierre-Djouset et maï (*moi*) ensemblou. Ce fe nous qu'auret lou tsalet (*chalet*). De ret de tet (*rien de temps*) ne l'auret rebaïti. I allévou queri dès fascenets et de la moissa (*mousse*), et notrou Pierre-Djouzet en fassait lès meraïllets et lou contre-fu, qu'u renduyait (*enduisait*) avoué de la maïna (*marne*).

On se meubla paissaiblamet. N'avayïet (*nous avions*) davouet bélets sélets (*deux belles chaises*) à traïs tsambets, et n'atra faïta de na crouba de na pice (*pièce*) et douax bias troncs entsambés, qu'on (*dont*) se pouyait sarvi quand on avayait compagnie.

N'avayet quatrou bias rejas (*rondeaux à lait*); ion tout ferpant neu; n'atrou de rendzardzalé (*rejablé*) et refonci tout nouvélamet et douax de releyis; traïs bias présérins (*présuriers*); cinq pias de caillet (*peaux de caille-lait*) et la maïti de n'atrou; cinq bélets tsivrets et on bouquin; davoué qu'ant tsevrouté (*fait le chevreau*) et les atrets que ne l'ant pon cou fait. I ne sas pai se l'avayaient paté (*reçu le bouc*); cinq tsouvroutïns (*chevrets*) qu'on saléve, et traïs ai froumetets (*éclisses*); viette-ion sôs (*24 sous*) qu'on nous devait, dix-sa sés (*17 sous*) que n'avayet en boucha (*bourse*), qu'on n'en devait paï on f.... ai quouï que ce fût, pài lama (*seulement*) u Raï; c'est-à-dre que n'ètayet dès dsots (*gens*) à notre èse... d'abord !

I allévou en tsamps. I en rappoutévou quièques fadias de bôs. Quan i m'en venïaou, i trouvévou me n'ècouéla drécha de cè qu'u y avait de meille; de la créma, du bon lacha, dès bretsots, du bretse-cô (*brèche-coup*). Lou diaïbou se djamé dzots (*gens*) feursaient mi que n'étayiet. Notrou Pierro-Djouzet fassait tous lès afféres, maï, i allévou en tsamps, à me n'ordinaire.

La radse du diaibou ne monta-t-le pai à la téta à notrou gachon? ne pensa-t-u pai à se marié? Ce qu'u fe (*ce qu'il fit*). U pro bin la pie bougrad'antôtsou (*mégère*) que djamé lou million dès diaibous ayaient pu tchui. La bougra me fassait me n'écouéla, mé diaibou la tsosa y avait-u dedet que de la laïkia (*petit-lait*), la pu kiaire d'abord! On arait vu lou diaibou djigouté à bais (*au fond*). Ce ne fut pas mon compte, d'abord! I paichantai (*patientai*) quanque u chui de mé (*jusqu'au 6 mai*) dze de lo faïre du Tsettio (*Châtel-Blanc*). I dsetai lès tsivrets et lou bouquin et lie desi: — Allez! à la vouaïda à Dyi, mes petetets! et i allai à la faïre du Tsettio.

Tout en arrevant, i vis douax bias soudaits qu'avayaient dès tsemezos (*vestes*) blancs à patets (*parements*) dsanets. I en avait ion que poutéve quemet na demia feliéta (*feuillette*) et tapéve su avoué douax petets mouais de bos. I fassait bin on tapaidsou du diaibou... C'étaient lou Roz et l'Antouainou tsi André de Foncina.

L'Antouainou tsi André était ion dès métres. L'avait dès soupis de gaita (*chevrons*) coïsus su son tsemezo. I me crampai vé lie. U me démandéret su vouïllayou m'engadsi. Je leur dis: — Oui, foutre! d'abord!

U me menéret à n'on cabaret. U feret à veni du vin et on bayait (*on buvait*); u feret (*ils firent*) on moutchalet de papeyi (*un petit morceau de papier*) et me demandére si savayou siné. I lie dis: — Hélaï! nani. Djamé i n'ai su cè que c'était que d'écrire. I me seret à fére no crouoïx det on rond. I lou feret à siné à cetu (*celui-ci*), à l'atrou, et feret à reveni du vin. Djaï! qu'u y fassait bon, cent diaibous!

I vegne (*il vint*) na lettra que s'adressive à l'Antouainou tsi André. I la lyie, la beilla a lire u Roz. Elle desait qu'u fallait foutre lou camp et tout contet (*de suite*). On pache (*part*) tout draït. I n'aus pai seulamet ion tet de m'en retouné tsi nous, ès Bos (*Chapelle-des-Bois*), queri mès deux traïs matchants patets (*guenilles*) de tsemizets.

Quand on fe tsi lou Roz, bon vin, bonne chère, d'abord! Daï hic (*de là*) on vegne tsi l'Antouainou tsi André. Quand on ie fe, cent diaibous! quin train! I y avait na taibla toudze londze quevaïta (*couverte*) de tout cet qu'u y a de meille; de toutets souaïtets de tsaï (*viande*); dets dsernets (*poules*), dets cussets de pouais (*jambons*), dets tsevrits (*cabris*), dets ventrous de cabas (*vieilles vaches*); tout cet qu'on pouyait baïlli à dsets (*aux gens*) de meille. Qu'u y fassait bon, cent diaibous! I érou plein quemet n'andouille!

I vis bin qui érou avoué dets bounnets dsets. I ne se défiévaient pai de maï. I feret lié douax satsets (*deux sacs*) et lès appondéret (*attachèrent*) l'on à l'atrou, et lès me confiéret tout lou long du tsemin, su me n'épala (*sur mon épaule*); i me baïllivaient à pouté lié mantias (*manteaux*) quand u ne plouvait pas. Oh! laï! l'avayaient touta confiance en maï, d'abord!

On alléve pas bia tet, pa mû tet, de nal, do dse. On marchait toujours, mé bayait-on ! (buvait-on !)

Quand on fe allé bin du tet, n'arrivéret dedet no grand diaïbla de combs, u y avait on veladset u boueu (au bout). Lou diaïbou se djamé dsets (gens) varrant (virent) lou pie paurou veladset. Lès taïts (toits) n'étayaient faits qu'avoué de la taïla (toile). N'entréret dedet iena de cetets cabouaïnnels ; u s'y trouva, tout de dsets vetus quemet lès nôtrous. L'embrasseret l'Antouaïnou tsi André et iou Roz. U n'y en aut paï on bougre que me desi : — Tsin, éte hic ? (chien, es-tu là ?)

U rpacheret feu (ils ressortirent). I ne sa paï ieu (où) l'allérent. I me tsampai su on paquet de paille. En voici ion que vegne que m'oppouta on gros mouaï (morceau) de tsaï (viande) su du pan. I lou pris, le medsaï, mé bayait (buvait) que vouïllait. I s'y ayait u quarou (coin) de la cabouaïnna na seïlli, mé diaïbou la tsosa y avait-u dedet que de l'ègue (eau). Ce n'était pas mon compte, d'abord ! Ah ! fé ! (ma foi) i allai me cutsi su on paquet de paille. I n'entendis paï lès nôtrous quand u revegneret (revinrent). Voiric (voilà) que bin devant qu'u fe dse, on quemmença aï fére on train de tous lès diaïbous. On n'entendait que tambourné, trompetté, sounaïlli, seblé (siffler) tsancremaïlli (jurer). Lès ons satévaient à lie sélets, lès atrous à lie bredets. Maï, lès vezevous (regardais) et quemencévou à m'engargassi (mettre ma culotte). En voici ion que vegne que m'appouta na tsemezo la roïsseta (gilet rouge) quemet étayoient cetets dès nôtrous ; i la pris, la fetsé (mis). N'atrou m'appouta on tsemezo blanc qu'avait dès patets dsanets (guenilles jaunes) ci et ci (les épaules) quemet étayaient cetets dès nôtrous ; i lou pris, lou fetsé. N'atrou m'appouta on grand diaïbou de cutia croubou (couteau courbe, sabre), qu'u me pendéret avoué na grossa courraye de quien (cuir) su lou cu. U me pendéret de l'atrou flanc on petit satset (sachet, giberne) u y avait dedet houït vouteïllons (tortillons, cartouches) de papeyi gros quemet cènic (cela, le doigt). N'atrou m'appouta dès grands diaïblets de tsassels de quien (bas de cuir), que lès suliaïs éraient appondus u boueu ; u y avait dari dès rouyetets (roulettes, éperons), cet qu'on boussequaïne (excite) lès tsouvas (chevaux) ; i lès pris, lès fetsé ; n'atrou m'appouta un bia tsapia (chapeau) bouadé (bordé). U y avait na bella cocaïda dessus. N'atrou m'appouta on petet matchant fesilion-mesqueton (fusil) ; pô d'affère. U n'était ret long ; i lou pris N'atrou m'amena on ba tsouva tout selé tout bredé ; douax bias pistoulets devant. Assétôt lou tsouva venu, i raïpé su. I vouïllayou païi tout draït. Lès nôtrous me retegneret et me deseret que ce n'ére p'oncou à nous à païi. U pachaït (partait) de cetets petets matchants soudaïs vetus de blanc, que n'ant d'zin de tsouva (point de chevaux) ; do cela madaïllerie (m....aillerie). U y en pachaït mé dès veriets (troupeaux), quand i ne savaï quemet lès fennets (femmes) ant pu fére pon en tant fére... Y en avaït u ? cent diaïbous !

A la fin, ne pacheret (nous partîmes). Quand ne feret à baï d'on eoïtaï (coteau) i desi à cetu qu'ère vaï maï : — Hé ! lou va-

t-on ? U me dese : — On va se battre. — Ho ! quand i ne si pai
en coulére, i ne pouis ret fére.

I ètayou tout èbayi ; i baissivou la téta. L'abo du dse quemen-
cive à bailli. I vis on bia faé (*fer*) de tsouva sur la routa. I desi
en maï-mémou : — F....! on faé de tsouva ne se treuve pai patout. I déchandis de tsouva et lou recouillis. Lès nôtrous se
foutayaient de maï... Ho ! lès bougrous ! Djamé i n'ai fait la pie
bella dsounnaya (*journée*). I vouillayou lou catsi, mé lou diaibou
s'on avait fetsi lès panteguirets (*poches*) de mon tsemezo en dedet
(*dedans*). Djamé i ne pôs lès trouvé. I ne savayou que fére de
mon faé. I lou fetsé det ma banda de gargasse (*à ma ceinture de
culotte*).

Quand ne feret su l'ha (*le haut*) du coitai, ce ne se pai fait.
Lou diaibou s'u ne s'en trouva de l'atra riva dès veriets (*troupeaux*) de tuis lès diaibous que nous terivaient su, ne vezévaient
pai ple de bailli ès ullious (*aux-yeux*) qu'atra paé. Lès nôtrous
vegusayent quatrou à quatrou, houit à houit, trevocgnivaient,
requelévaient. I me pensévou : — Qu'in diaibou ferant-u? taï
que n'ai djamé ret ieu à fére à llé? Deréyi-vous bin qu'i s'y en
avait ion de l'atra riva que m'en vouillait!... Maï que djamé i
n'avoue vu lou bougru! U me tera déssus. Son ballou vegne
planté contre mon faé. Sain mon faé, i ètayou crêvé quemet
on bougrou. La coulére me farma (*prit*). I tsarsai det mon satset.
I pris ion dès voutellions, mourdsi u boueu, l'engrebaçai (*l'en-
fonçai*) det mon fesu ; i foutis lès atrous après... Je ne fus pas un
traitre, d'abord ! I lie criai : — Gare lès ullious ! et i acouillis
(*fis feu* !) Lou diaibou se mon fesu ne rebucha (*repoussa*) et
m'ètsappa.

Cetu qu'ére vai maï me fassait signou de requelé. I iu desi : —
Djamé lès usets dès Bos (*les gens de Chapelle-des-Bois*) n'ant su
cet que c'était que de requelé. Prette avis (*prenez garde*) seulamet
à mon fesu. L'est oncou capaiblou de fére de la paéda (*du mal*) ; u
y a oncou sâ (** còs à pati ! I trayi feu de la guiainna mon grand
cutia crouboi.. ; i vé contre cetets tsancrous (*chancres*) d'Hanovre ; cetets diaibous d'Angleterre ; i quemençai à llé r'en foutre
avoué mon grand cutia et de revin et de reva (*de va et de revient*).
Lou diaibou si mon coutia ne fassait fu (*feu*) contre llé dets
(*dents*). Quand i lie r'en ausa bin foutu de riva en riva (*de côté et
d'autre*), i alla vesé (*remarquer*) que notrets deets avoyaient bin
touis foutu le camp sain m'appeler. I desi en maï-mémou : —
Diaibou ! tu ne veux pai fére la garre tout depa tai (*tout seul*).
I vesévou mon tsouva. Na pierra en arait praÿ pidi. L'était tout
poinscouté (*percé*), tout tsaplé, tout fadeÿ. U saignive patout ;
semblève la draÿta païda (*misère*).

Douqx do cetets diaibous d'Hanovre que n'ant dzin (*point*) de
tsouva, vegnoret contre maï. Ion sata à la brede do mon tsouva.
L'atrou me présentéve son fesu, me boussequenéve, me desait
qui èrou prisegni.

I llé desi : — Que Laisse (*Laws*) te foute ! I fou on cô de mon
grand cutia à celu qu'ére vai maï ; i l'enviai à touis lès diaibous.

A l'atrou, i li foutis la tête à diaibou, quand i crayou que le bôle
adé (*qu'elle roule encore*). I me rebrêtti de carai u i érou venu
(*je me retournai du côté d'où j'étais venu*). I crèvejou de fan.
Mon ventrou sembiéve na lantaine. I avayou lès dets quemet on
ròquia (*râteau*) qu'on vire lès moutets. I montai su l'ha d'un
coitai. Notrets dsets avayaient tsandsi d'endrait sain m'en palé.

Lai nai me pre. I vis du fu à n'endrait. I y terai (*j'y tirai*),
c'étaient notrets dsets. I m'enguinnai (*m'engainai*) det la pron-
mire cabouainna qu'i trouvai. U n'y avait que dès petets matchants soudais vetus de blanc que n'ant dzin de tsouva. Lès
bougrous ne me prenayaient-u pai pou n'espion ? U me démandéret de quin redjiment i étayou. Je leur dis d'abord : — I si du
redjimet u Roz et à l'Antouainnou tsi André de Foncine, foutre !
Bailli-me à medsi ! U m'appoutéret on gros mouai de tsai su du
pan ; lou pria, lou medsai. Cent diaibous se djamé i a fait lou
meille repais. U bailléret on po de matchant paille à ma pora
bête. Djai ! qu'u m'en fassait mâ ! (*qu'il m'en faisait pitié*). A la
vouaida à Dyi , i allai me cutsi. Le lendemain matin, i tendayou
mon metia (*je tendis mon museau*) pas sous la cabouainna. I ve-
sevou si ne voyayou ret quiéquea soudais vetus quemet maï. I
en vis ion vetu quemet maï. I couris à la cabouainna de ieu u
pachait (*d'où il partait*) ; i vis lou Roz et l'Antouainou tsi André que quemencivaient à s'engargassi. U crayayaient bin tous
que lou diaibou m'avait praï. I lié contai quemet i avayou fait. U
ne me crayayaient pai. Notrets gros métres (*officiers*) y étayaient.
I traï feu de la guienna (*je dégainai*) mon grand cutia croubou
tout ensaignanté, tout tsarroupé (*couvert de chair*). U y avait
tout lou long du fi dès bartsetets (*brèches*) tout quemet l'onlia
(*l'ongle*). Hé ! foutre ! u veret bin qu'i ne m'érou pai toudse tenu
à ne ret fére.

On demoura hic quiéques dse et on s'accouda. Lès ons allèret
ci, lès atrous lai. Ne vegneret à Schélestadt, une jolie ville, d'a-
bord ! Quand on vouille pati, on desait qu'on baillerait n'écu à
cetu que se tsardserait de recondure (*porter*) davouet sélets de
tsouva (*deux selles de cheval*). I desi : — Diaibou ! n'écu !...c'est
du bia l'ardset (*argent*). I pris cetets davouet sélets ; i leis apondis
l'ena à l'atra, pa cet qu'on met soua la quéva (*sous la queue*). I
las pendis su me n'épale. I bailli mon tsouva à ion dès nôtrous
que lou sin éro bettoua (*boiteux*). I pachis bin devant lès nôtrous. De ret de tet u m'aurait dèvanci. I n'arrevévou det l'en-
draït ieu (*où*) on baillive à medsi que bin après que l'en avayaient
pati. I allévou pa dès tsemins du diaibou, de maïna (*marne*) de
tarra graissa, et i étayou ple souvet cutsi que levé. Ah ! bougrou
d'écu ! Djamé ardset n'a se bin ôté affuné (*gagné*). I crevévou de
la fan. U me renvoyivaient de Pilate à Barrabas pou avaï on
mouai de tsai su du pan Ah ! bougrou d'écu ! I fis tant qui arreve
à Schélestadt. I trouval-tout draït lou Roz et l'Antouainnou tsi
André. U me feret à baïre on varrou de brandevin. On bougrou
que n'y serait pao ôté avaï (*accoutumé*) en araît crevé quemet
on mesquet (*avorton*). I allai tout draït à la budse (*écurie*). I vis

notrets traïs tsouvas l'on vé l'âtrou. C'était maï que lès gouain-névou touis. I cutsivou souvet à le retse, et i allévou toudse à confètche (*monter la garde*) pou lou Roz.

U y avait det notrou redjimet on petet bougraillon de la Lorraine que se foutaive toudse de maï: u me cratsive su, mouilive son troutson (*torchon*), lou me secouyait à nez. Lou Roz s'y trouva on dse. U lou mena dari lès fèmis, où li foute on cô de son cutia croubou det lou braï. On lou mena ieu on minne lès malétous (*malades*). U li desi : — Ah! bougrou! te viendrai saidzou! (*tu deviendras sage!*)

On matin de Ste-Croix, qu'i ne pensévou pai ple à li qu'à diaibou, u se trouva dari maï, et requemença son train, à me cratsi su, à me mouilli avoué soû troutson. Lou Roz s'y retrouva, u lou remena dari lès fèmis (*fumiers*) et li foute tant de côs de son grand cutia croubou, qu'u faille lou pouté su na cevire (*civière*) ieu on minne lès malétous U liu desi : — Ah! bougrou! te vindrai saidzou cela vaï! (*cette fois*).

Quand u se vouéri (*guéri*), u lou fouteret à la pouaïta. Lou matin qu'u lou dseteret (*renvoyèrent*), u revegne dari maï, et requemença son train. — Ah! bougrou! li fi-iou, i n'airaï pai fata (*besoin*) du Roz, cela vaï!

I tegnayou ma pala (*pelle*). I te li foutis on se bon cô dari l'ëreille que la pala voula en ple de viet (20) mille brequets (*morceaux*). I l'étendis det lès fèmis quemet on crapa (*crapaud*), i saté dessus, l'y vouteliaï (*roulai*) et l'y tegnis (*retins*). Quand n'en pacheret, ne sembléve douax diaibous. Les soudais s'assembléret. Notrets gros métres veguéraient et caséret (*causèrent*) ensemblou et me baillèret mon coindsi (*congé*). I lou pris et m'en vegni (*vins*).

Je n'ai pas servi en Jean-foutre, d'abord!

XV. Conclusion.

J'ai essayé de prouver que si, depuis dix ans, la Franche-Comté n'a pas répondu publiquement à l'appel du ministre Fortoul, conviant chaque province à rassembler ses chants populaires, cela tenait à notre inertie et non à notre indigence.

J'ai essayé, en même temps, d'extraire du sous-sol littéraire de notre pays la preuve que, si étranger qu'il reste forcément à ce qu'on est convenu d'appeler le mouvement intellectuel des hautes classes, le peuple, pris en masse, est cependant doué, ici comme partout, d'une activité de production et d'assimilation propre assez remarquable, puisque, sans académie, sans bibliothèque, sans historiens ni poètes attitrés, il s'est constitué à lui seul, et a trouvé moyen de perpétuer de mémoire sa langue, ses traditions, ses chroniques et poésies si variées.

Les Noëls de notre province étant déjà à peu près tous du domaine public, j'ai pris à tâche, non de les faire connaître, mais de les rappeler à l'attention des oublieux, en ne reproduisant du texte que ce qui était nécessaire à l'appui de mes éloges ou de mes critiques. Je n'ai pas donné la traduction du patois, d'abord pour abréger, et ensuite pour épargner au lecteur la tentation de sacrifier le texte à la traduction, comme cela arrive d'ordinaire.

Relativement à nos chants populaires, autre a dû être la direction de mes efforts, l'essentiel étant, avant tout, de les grouper et de les revendiquer à notre profit.

Au début de cette étude, je comptais la mener d'emblée à conclusion définive. L'expérience a modifié cette prétention. Comment embrasser d'une seule étreinte ce qui est si essentiellement infini ? Réduite à ses dimensions provisoires de simple appel à l'attention du public, ma tentative m'a du moins fait comprendre quelle magnifique récolte deviendrait possible, si l'enquête commencée se généralisait dans tous les coins du pays. Jusqu'ici je ne suis guère sorti du cercle de mes relations ordinaires, dans le Doubs et dans le Jura. De la Haute-Saône, impossible d'obtenir un seul mot.

Pour n'exister qu'à l'état latent, les affinités de mœurs et de caractère de nos trois départements n'en sont pas moins réelles. Notre province compte près d'un million d'habitants, cinquantes libraires et quinze feuilles périodiques. Comment se fait-il qu'avec un tel public et un tel outillage notre littérature indigène reste si aplatie pour tout ce qui ne touche pas à l'archéologie ?

— Les libraires sont nos chemins vicinaux intellectuels, disait dernièrement M. Enfantin. Il en parle bien à son aise. Ceci n'est guère applicable aux nôtres, qui ne se connaissent pas même entre eux. De là aussi leur manque d'initiative collective. J'ai offert gratis à plusieurs des mieux posés le manuscrit de la présente brochure. Ils se sont mis à rire de ma candeur. M. Déchaux-Cornu, libraire à Dôle, est le seul qui m'ait au moins promis son concours sympathique auprès de ses clients.

Chez nous la situation est si fâcheuse que je ne saurais à quelle porte frapper, si je voulais me renseigner sur tout ce qui, depuis dix ans, s'est publié, en littérature seulement, soit en Franche-Comté, soit par des Francs-Comtois. En ce qui concerne les sciences et les arts plastiques, ce serait à peu près de même.

— Est-ce la faute des libraires ? — Quelque peu, oui, sans doute. Du droit de vendre des livres qui leur est attribué par *privilège*, il pourrait bien résulter quelques petits devoirs. Mais la faute n'est pas à eux seuls. Elle est à tout le monde. Tant que, sur cent conscrits, la statistique générale en comptera quarante ne sachant pas lire, la librairie provinciale ne battra forcément que d'une aile. N'y aurait-il pas moyen d'y remédier ?

Sans aspirer à résoudre ce problème, je tenais du moins à fournir à sa solution éventuelle quelques éléments vierges extraits, pour ainsi dire, des entrailles même du pays. Au public à adopter ces éléments et à les féconder s'il les en trouve dignes.

Au vu seulement de ce qui précède, nul ne saurait contester à nos populations une puissante aptitude native, et une appétence réelle pour toutes les choses de l'esprit ; en dehors même des nombreuses illustrations franc-comtoises dont nous pouvons nous énorgueillir dans toutes les spécialités.

Peut-être un modeste organe littéraire, commun à nos trois départements et à la portée de tout le monde, ne tarderait-il pas à prouver ceci plus explicitement encore. La peinture et la musique ont, même chez nous, leurs solennités populaires, pourquoi la littérature y reste-t-elle à l'état de brebis galeuse ? Pourquoi, à l'égard de celle-ci, notre patriotisme local est-il si engourdi, quand celui de nos voisins de la Bourgogne, de l'Alsace et surtout de la Suisse française est si actif ?

Pour la littérature, il n'est de fête réelle que la publicité.

Groupons nos ressources locales. Que nos illustres de Paris nous tendent la main, et bien des difficultés seront aplanies. Eh bien ! MM. Armand Barthet, Edouard Grenier, Louis de Ronchaud, Francis Wey, Xavier Marmier, Pierre-Joseph Proudhon et autres... qu'en dites-vous? Enfermée à l'état de momie dans l'enceinte des écoles, la littérature n'a guère non plus que l'importance d'une momie dans l'esprit des foules. Donnons-lui la clef des champs; elle deviendra bonne fille, et chacun s'empressera de lui faire les yeux doux.

En attendant, rappelons-nous combien de théories se sont entre-dévorées depuis un siècle dans les hautes régions du savoir, pour nous laisser finalement à *quia*, et nous étudierons avec plus d'intérêt cette floraison spontanée d'en bas, si riche et si inaltérable, qui, depuis si longtemps, défraye à elle seule l'imagination populaire.

Arrivée au bout de leur peloton, les grands politiques jettent leur langue au chat..., c'est-à-dire au suffrage universel. Arrivés, eux aussi au bout de leurs ficelles, les gens de lettres ne pourraient-ils pas faire un peu de même ? En pareille matière, nul n'est aussi intéressant que chacun, et, pour qu'un arbre déploie en l'air de puissantes ramures, il faut qu'il tienne au sol natal par de puissantes racines.

Et maintenant, petit livre, tâche de t'en tirer de ton mieux par le monde. A ceux qui te reprocheraient la pauvreté de ta toilette, réponds hardiment que, réduit sous tous les rapports, à mes faibles ressources personnelles, j'ai dû me restreindre aux façons modestes qui conviennent toujours à un essai. Sur les critiques de fond, passe lestement condamnation. Ni toi ni moi ne prétendons à l'infaillibilité. Libre à qui voudra de faire mieux. La marge est belle. Ne défends du bec et des ongles que l'intention à laquelle tu dois l'existence, car, à cet égard, tout s'est résumé pour moi, tu le sais, à prêcher un peu d'exemple, le culte littéraire trop négligé dans notre vieille patrie franc-comtoise.

Quand, au fond de l'Amérique, les émigrés allemands sentent le mal du pays, ils ouvrent le recueil des chants populaires de leur patrie absente, et les voilà consolés. Qu'une aubaine analogue te soit accordée, ô mon petit livre! et nul n'aura plus le droit de contester ton utilité. Puisses-tu transmettre ainsi quelques-unes de nos brises montagnardes à tous nos absents..., à celui surtout qui, à propos des *Poésies franc-comtoises*, m'écrivait, de son île de Guernesey, le 7 novembre dernier :

— Je vous remercie, Monsieur. Je vous dois la *révélation* de mon pays natal. Dans ces quelques pages charmantes, vous m'avez fait connaître la Franche-Comté. Je l'aime cette vieille terre à la fois française et espagnole. Je n'ai guère fait qu'y naître, et elle m'est aujourd'hui fermée comme le reste de la patrie. Je vous remercie de me l'avoir envoyée dans ce doux petit livre. Je la vois dans vos vers frais, vivants et vrais. Je vois le village, la prairie, la ferme, le bétail, le paysan, et aussi, ce qui est le vrai but du poète, le dedans des cœurs. Dans ma solitude un peu âpre, sur mon rocher, dans mon tourbillon, face à face avec ce sombre ciel d'hiver ; côte à côte avec cet océan qui est le plus redoutable des mécontents, vous m'avez fait vivre quelques heures d'une vie aimable. Je vous rends grâce, poète.

VICTOR HUGO.

Tâche, petit livre, qu'on en dise autant de toi, et je te passerai joyeusement quittance de tes mois de nourrice.

Salins, le 1er mai 1863.

TABLE DES MATIÈRES.

ERRATUM :

Page 88, ligne 7 : Nicolas de Granvelle était
le père du Cardinal.

Lons-le-S., imp. de Gauthier frères.

www.ingramcontent.com/pod-product-compliance
Lightning Source LLC
Chambersburg PA
CBHW052122090426
42741CB00009B/1910